D1924716

Die Erste zu sein war für Frauen eine schwierige Angelegenheit, mussten sie doch lange Zeit den Männern den Vortritt lassen. Ob als Studentin, Juristin, Physikerin oder Hochleistungssportlerin – es bedurfte eines großen Durchhaltevermögens und vieler hartnäckiger Versuche, um sich durchzusetzen und schließlich die Erste zu sein. Barbara Sichtermann und Ingo Rose erzählen von Frauen, die den Mut hatten, Widerständen zu trotzen und ihren Traum zu verwirklichen – und somit als erste Nachrichtensprecherin, als erste Landesbischöfin oder als erste Gondelfahrerin in Venedig in die Geschichte der Ersten einzugehen.

Barbara Sichtermann studierte Sozialwissenschaften und Volkswirtschaftslehre in Berlin und ist seit 1978 freie Publizistin. Sie arbeitet regelmäßig für verschiedene Zeitungen und für den Rundfunk und ist Jurorin des Adolf-Grimme-Preises.

Ingo Rose ist Betriebswirt und arbeitet als Sachbuchautor und Trainer. Seine Themen sind Wirtschaft, Kommunikation und das Geschlechterverhältnis.

insel taschenbuch 4344

Barbara Sichtermann, Ingo Rose

Die Erste

Die Originalausgabe »Die Erste – mutige Frauen verändern die Welt« erschien 2013 im Knesebeck-Verlag. Die Texte wurden für die Taschenbuchausgabe aktualisiert.

Erste Auflage 2014
insel taschenbuch 4344
Insel Verlag Berlin 2014
© 2013 von dem Knesebeck GmbH & Co. Verlag KG, München
Ein Unternehmen der La Martinière Groupe, www.knesebeck-verlag.de
Lizenzausgabe mit freundlicher Genehmigung
Dieses Werk wurde vermittelt durch Aenne Glienke
| Agentur für Autoren und Verlage, www.AenneGlienkeAgentur.de
Alle Rechte vorbehalten, insbesondere das der Übersetzung, des öffentlichen Vortrags sowie der Übertragung durch Rundfunk und Fernsehen, auch einzelner Teile. Kein Teil des Werkes darf in irgendeiner Form (durch Fotografie, Mikrofilm oder andere Verfahren) ohne schriftliche Genehmigung des Verlages reproduziert oder unter Verwendung elektronischer Systeme verarbeitet, vervielfältigt oder verbreitet werden.
Vertrieb durch den Suhrkamp Taschenbuch Verlag
Umschlag, Innenseiten und Satz:
Pauline Schimmelpenninck Büro für Gestaltung, Berlin
Druck: *CPI – Ebner & Spiegel, Ulm*
Printed in Germany ISBN 978-3-458-36044-5

Barbara Sichtermann
Ingo Rose

Die Erste

Mutige Frauen verändern die Welt

Insel Verlag

Inhalt

Türöffnerinnen

Wir leben in einer Zeit der *Ersten.* Es vergeht kaum eine Woche, in der Presse, Fernsehen und Internet uns nicht mitteilen, dass mal wieder eine Frau es geschafft habe: als Erste in die Führungsetage eines weltweit operierenden Unternehmens vorzudringen, als Erste eine bedeutende Auszeichnung zu erlangen, ein supranationales Gremium zu leiten, einen Ratsvorsitz zu erklimmen oder einen Staat zu lenken. Und obwohl dann wieder Meldungen erscheinen, die den geringen Prozentsatz von Frauen in Spitzenpositionen beklagen, verfestigt sich doch der Eindruck, dass es mehr wird mit den *Ersten,* dass Frauen vorankommen, dass ihre Chancen steigen. Es ist beides richtig: Frauen geben in historisch einmalig hoher Anzahl ihre Traditionsrolle als Hausfrau und Mutter mit Ernährer im Hintergrund auf und konkurrieren mit anderen Frauen und mit Männern um Posten und Positionen, die einst ganz für den »Ernährer« gedacht und ihm vorbehalten waren. Was wir da erleben, ist ein Vormarsch weiblicher Anwärter auf berufliche Bewährungsfelder in der Männerwelt. Aber es kommen eben nur einige ganz oben an, das Gesamtbild ist noch nicht radikal verändert. Manche Männer unterstützen Frauen beim Aufstieg, froh, in der Chefetage auch Kolleginnen anzutreffen. Andere sehen die Entwicklung mit Skepsis. Sie fürchten die weibliche Konkurrenz und das verwaiste Zuhause. Sie wünschen die alten Zustände zurück. Und etliche Frauen denken wie sie.

Die Dynamik dieser Prozesse, in denen sich Konservative und Fortschrittliche sowohl unter Frauen als auch unter Männern wechselseitig stützen, stören, voranbringen und zurückstoßen, hinterlässt den beunruhigenden Eindruck von Chaos, so als wüssten Frauen und Männer bei ihren Lebensplänen und Karrierestrategien nicht, wohin, und vollführten richtungslos zwei Schritte voran und drei zurück und als würden Arbeitgeber von der Entwicklung kalt erwischt und reagierten planlos. In Wahrheit ist es so, dass der Einzug von Frauen in männlich dominierte Berufsfelder nicht anders als im Zickzack verlaufen kann, weil eine Vielfalt von Strategien und Reaktionen erfolgt, die kein einheitliches Bild ergeben. Wenn man in das soziale Feld hineingeht und sich umhört, wenn man sich vor allem die Strukturen anschaut, sprich die Hierarchien und Personalpolitik in Firmen, Parteien, Kirchen, Akademien, Großunternehmen, Parlamenten, Universitäten, Medien, Berufsverbänden usw. – wenn man dort nachfragt: »Wie haltet ihr es mit Veränderungen beim Personal, kurz *diversity* genannt, wie mit der *work-life-balance,* mit Aufstiegschancen für Frauen?«, so wird man sehr unterschiedliche Antworten bekommen, vor allem wenn man nicht nur die Worte, sondern auch die realen Voraussetzungen prüft, unter denen Männer und Frauen dort zu ihrer Arbeit antreten. Da gibt es Beispiele für fest gemauerten Konservatismus, der keine *diversity* will, da gibt es avancierte, durchlässige Strukturen mit besonderer Berücksichtigung von weiblichen Lebensumständen, und da gibt es Betriebe mit Traditionsbewusstsein, die gestern noch gesagt haben: »Frauen können nicht führen«, und sich heute anders besinnen, sich eine Beratung holen, mit dem Auftrag, das Innenleben des Betriebes so umzubauen, dass Frauen hier gerne anfangen und sicher nach oben gelangen. Der Umbruch geht tief. Immer mehr Arbeitgeber stellen sich auf Frauen als Führungskräfte ein und umwerben sie sogar. Und die anderen, die darauf verzichten, weil sie Frauen nichts zutrauen und »weil es immer schon so war«, dass nur Männer im Vorstand saßen, sehen sich isoliert und genötigt, doch darüber nachzudenken. Diejenigen, die dann zu dem Ergebnis kommen: »*Diversity* ist wieder nur so eine Mode, wir hier brauchen keine Frauen an der Spitze«, und das sind nicht wenige, liefern das wichtigste Argument für Feministinnen und derzeit für die Arbeitsministerin, eine Frauenquote in der Wirtschaft einzuführen.

Denn die Arbeitskraft und der Aufstiegswillen von qualifizierten Frauen werden gebraucht. Auch weil sie manchmal neue Ideen einbringen, denn ihre Lebenszusammenhänge sind anders als die der Männer, vor allem aber, weil in einer alternden und schrumpfenden Gesellschaft keine gut ausgebildete Arbeitskraft verloren gehen darf, nur weil ihre Trägerin imstande ist, Kinder zu bekommen. Denn das ist der wichtigste Vorbehalt, der die Einstellung von Frauen verhindert – womöglich werden sie schwanger, meint der Chef, und fallen dann aus. Vor allem auf den Führungsetagen geht der Mythos um, dass das, was dort getan wird, weder Aufschub noch Unterbrechung verträgt. Dieses als »Vereinbarkeit von Familie und Beruf« bekannte Problem, das angeblich nur Frauen haben, ist ein Organisationsproblem, das sich immer lösen lässt, wenn man die Prioritäten richtig setzt. Und schließlich haben Frauen nicht nur deshalb um Teilhabe an der Berufswelt so lange und heftig gekämpft, weil sie als Leistungsträgerinnen anerkannt sein und eigenes Geld verdienen wollten, sondern weil sie Träume hatten, Sehnsüchte und einen Ehrgeiz, der sie aus dem engen Umkreis des Hauses herausführte. Sie wollten den tapferen Soldaten, den mutigen Fliegern, den klugen Wissenschaftlern und verantwortungsbewussten Staatslenkern nicht immer nur applaudieren, sie wollten selbst welche sein.

Das war schwer. Der Durchbruch gelang anfangs nur wenigen. Die Analyse der Ursachen begann meist bei den Frauen selbst: Ihr seid nicht mutig, nicht konsequent, hart, frech, aggressiv, selbstbewusst und durchsetzungsstark genug. Irgendwann erkannte man, dass solche Begründungen ins Leere liefen. Es gab viel zu viele inkonsequente, ziemlich feige Männer, die es dennoch schafften. Und so manche angriffslustige, tapfere Weibsperson blieb auf der Strecke. Also ließ man den subjektiven Faktor in Ruhe und kümmerte sich um die Strukturen. Hier wurde man fündig. Männerbünde, auch Seilschaften genannt, verhinderten den beruflichen Erfolg von Frauen einfach durch ihre Existenz. Gepflogenheiten schlossen Frauen aus, Vorurteile, Traditionen: Männer holen Männer nach, hieß es. Sie mussten sich gar nicht verabreden, um Frauen draußen zu halten, es geschah schlicht durch das *business as usual*.

Aber dann kamen die Unentwegten, die sich nicht aufhalten, nicht abschrecken ließen. Die Schweizerin Emilie Kempin war so eine Kämpfernatur, sie war die erste Juristin, und sie ging aus ihrem Kampf nicht unverletzt hervor. Auch die Österreicherin Lise Meitner, erste Physikerin, gewann Anerkennung nicht nur aufgrund ihrer Hochbegabung, sondern auch wegen ihrer Hartnäckigkeit. Jill Abramson war in New York ebenfalls eine zähe Dame und deshalb im Kampf um die Spitze bei der *New York Times* erfolgreich. Und Franziska Tiburtius und Emilie Lehmus verdanken ihre Positionen als erste Ärztinnen in Deutschland ihrem großen Durchhaltevermögen.

Diese Frauen stießen den Wandel an und öffneten Türen für Nachfolgerinnen. Aber der Wandel hat noch andere Ursachen. Die Emanzipationsbewegungen im späten 19. und im späten 20. Jahrhundert brachten die patriarchalischen Verhältnisse ins Wanken, der Gleichberechtigungssatz im deutschen Grundgesetz 1949 wurde nach und nach von Frauen, die ihre Rechte einklagten, praktisch umgesetzt, und schließlich erkannten Chefs in allen Branchen, dass fähige Frauen ihnen nützlich sein und – ja, sie sogar ersetzen konnten. Als es so weit gekommen war, arbeitete auch die Zeit für die Frauen. Wie im Märchen von Dornröschen, in dem ein Prinz nach dem anderen an der Dornenhecke scheitert, bis die Zeit reif ist und die Hecke sich von selbst öffnet, konnte Marguerite Yourcenar nach circa 350 Jahren als erste Frau in die Académie Française einziehen. So konnte Ann Duffy als erste Frau nach einer ähnlich langen Frist Hofpoetin bei der britischen Krone werden und Hannah Zeitlhofer zur Ausbildung als Bereiterin an der Spanischen Hofreitschule in Wien zugelassen werden. Auch vor Kathryn Bigelow, die als erste Frau einen Regie-Oscar gewann, hatten andere es umsonst versucht. Sie waren nicht schlechter – die Zeit war einfach noch nicht reif. Margot Käßmann konnte den ersten weiblichen Ratsvorsitz bei der Evangelischen Kirche einnehmen, weil dieses Gremium sich auf die Höhe der Zeit geschwungen hatte, als die Dornenhecke gewichen war.

Mit der Zuschreibung »die Erste« oder »als erste Frau« ist es nicht ganz einfach. So gab es mit Dorothea Erxleben im 18. Jahrhundert schon einmal eine promovierte Ärztin, die praktizieren durfte, und mit Dorothea Schlözer konnte im selben Jahrhundert eine Frau Doktorin der Philosophie werden. Und wenn wir an Staatslenkerinnen denken, fallen uns natürlich Maria Theresia von Österreich und Zarin Katharina die Große ein, auch sie Beispiele für Frauenpower aus dem 18. Jahrhundert.

Aber diese Frauen waren rare Sonderfälle – trotz enormer Ausstrahlung und Wirkung konnten (und wollten) sie keine Türen für Nachfolgerinnen öffnen. Sie waren keine Anzeichen dafür, dass Geschlechterverhältnis und Frauenbild sich geändert hatten. Wir aber möchten in diesem Buch *Erste* vorstellen, die zugleich Vorbilder und Wegbereiterinnen für viele andere Frauen waren und sind – Anzeichen sowie auch Grund für den Wandel. Nach Tiburtius kamen viele Ärztinnen, nach Kempin viele Juristinnen und nach Wibke Bruhns viele Nachrichtensprecherinnen. Auch Meitner hatte Nachfolgerinnen, ebenso Alexandra Kollontai. Bigelow wird welche haben, und Giorgia Boscolo, erste Gondelführerin in Venedig, hat durch ihr Beispiel dafür gesorgt, dass es mehr Frauen am Ruder geben wird. Das ist eine wichtige Aufgabe der *Ersten*: den Weg frei zu machen und Vorbild zu sein. Es gibt indes unter *Ersten* auch schwierige Fälle: Ist die radikalliberale Maggie Thatcher ein Vorbild? Oder die Türkin Sabiha Gökçen, die als Kampfpilotin tötete? Wie immer man Leistung und Laufbahn der von uns porträtierten Pionierinnen einschätzt: Als *die Ersten* haben alle eine interessante Geschichte.

Barbara Sichtermann & Ingo Rose

»*Prädikat Ausgezeichnet*«

Franziska Tiburtius und Emilie Lehmus

Man nennt sie immer noch »Tempel der Wissenschaften« oder »Alma Mater«, und in der Tat waren die Universitäten seit ihrer Gründung im Mittelalter heilige Hallen, die ein junger Student mit frommem Schauder betrat. Man sprach Lateinisch und hielt auf sich. Hier sollten sie blühen, die Liebe zur Weisheit und der Drang nach Wahrheit, und wer sich zu den Dienern dieser höheren Zwecke zählen wollte, musste dafür qualifiziert sein. Es verstand sich bis vor gut hundert Jahren von selbst, dass die Hälfte der Menschheit, die weibliche, außen vor zu bleiben hatte.

Ausnahmen hat es immer wieder gegeben. Insbesondere in der Heilkunst machten ab und an Frauen von sich reden, die aufgrund von Sondergenehmigungen universitäres Wissen erworben hatten. So Dorothea Christiane von Erxleben, die von ihrem Vater zur Ärztin ausgebildet worden war und durch die gnädige Erlaubnis Friedrichs II. von Preußen im Jahre 1741 in Halle promovieren konnte. Aber solche Paradiesvögel schufen keine neue Norm, sie waren die Ausnahmen, welche die Regel bestätigten: Frauen hätten an den Hochschulen nichts verloren. Es gab jedoch ein jahrhundertealtes weibliches Wissen, das außerhalb der Universitäten

---

Franziska Tiburtius ist promovierte deutsche Ärztin und eröffnete mit ihrer Lebensgefährtin Emilie Lehmus eine Praxis für Kinder und Frauen.

und Hochschulen vom Kräuterweiblein zur Geburtshelferin und von dieser zur Familienmutter weitergegeben wurde. Außerdem achtete man in alten Zeiten die Erfahrung der Großmütter: Sie konnten als Hebammen bei einer Entbindung wertvolle Hilfe leisten, weil sie, anders als die männlichen Doktoren, am eigenen Leibe erfahren hatten, was bei einer Geburt geschieht.

Die Neuzeit definierte die Wissenschaften noch einmal um. Sie sollten exakt sein und ihre Resultate der Überprüfung standhalten. In der Medizin hieß das: weg mit der Gesundbeterei und den Kräuterweiblein. Auch das Hebammenwesen wurde von der akademischen Ärzteschaft erbittert bekämpft. Nur wer einen universitären Abschluss vorweisen konnte, durfte Kranke behandeln und Kindern auf die Welt helfen. Da aber nun keineswegs im Gegenzug die Universitäten für Frauen geöffnet wurden, hieß das: Weibliches Wissen um die Heilkunst wurde entwertet, die Praxis von Frauen am Kranken- und Wochenbett kriminalisiert. Die männliche Ärzteschaft besetzte das Feld der Medizin bis in den letzten Winkel.

»Wer die damaligen Anschauungen kennt, wird es begreifen. Ein junges Mädchen – ich war noch jung! – auf einer Universität und Medizin studierend – undenkbar!« FRANZISKA TIBURTIUS

Das Bedürfnis vieler Patientinnen, sich zum Beispiel als Schwangere einer heilkundigen Frau anzuvertrauen, blieb indes bestehen. Die Nachfrage nach Ärztinnen war vorhanden, es sollte ihr aber – so wollte es die Zunft der Mediziner vom 18. bis ins frühe 20. Jahrhundert – kein Angebot gegenüberstehen. Ende des 19. Jahrhunderts wurde die Situation unhaltbar. Immer mehr Töchter aus dem Bürgertum klagten ihr Recht auf höhere Bildung ein; in England, Amerika und Frankreich wurden Kollegien gegründet, auf denen junge Frauen ihre Liebe zur Weisheit ausleben konnten. In deutschen Landen tat sich lange nichts. Noch kurz nach der Jahrhundertwende brach der Reichstag in Berlin, wie berichtet wurde, in schallendes Hohngelächter aus, als erstmals von weiblichen Ärzten die Rede war und von der Frage, ob man sie zulassen solle.

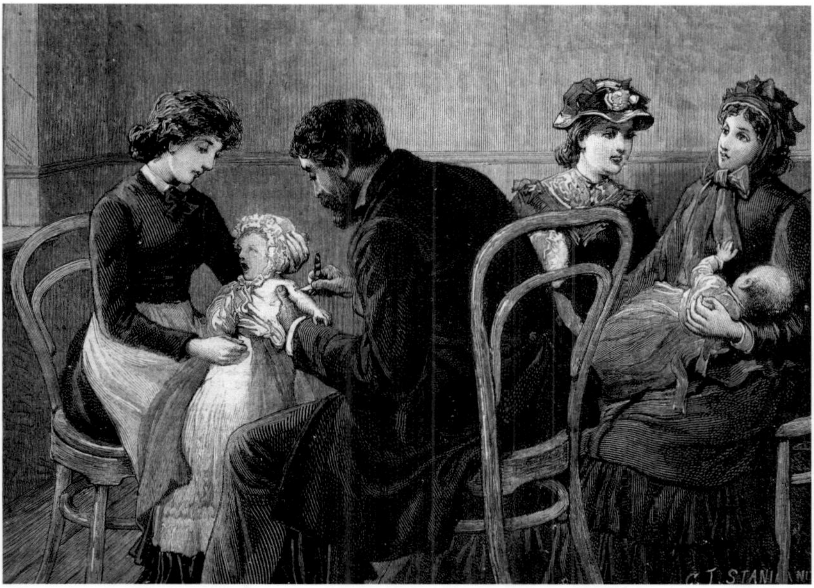

Damals war es für europäische Frauen schon möglich, Medizin zu studieren. Zum Beispiel in Zürich, einer erst im Jahre 1833 vom fortschrittlich gesinnten Regierungsrat der Stadt gegründeten Universität, die schon im Jahr 1840 Frauen als Gasthörerinnen zuließ und Studentinnen in den 1860er-Jahren das reguläre Studium ermöglichte. In Deutschland war es Franziska Tiburtius, auf Rügen geboren und als Lehrerin berufstätig, die als eine der Ersten von der neuen Freiheit Gebrauch machte. Auf Zureden ihrer Schwägerin Henriette Hirschfeld-Tiburtius, die in den USA Zahnmedizin studiert hatte und Deutschlands erste Zahnärztin sowie Franziskas Vorbild wurde, machte sich das Fräulein Tiburtius im Jahre 1871 nach Zürich auf, um sich für Medizin zu immatrikulieren.

Ein Jahr zuvor hatte sich die Fürther Pfarrerstochter Emilie Lehmus zum Studium der Medizin nach Zürich begeben; die beiden Studentinnen freundeten sich an und wurden später Lebensgefährtinnen. In ihren Memoiren schildert Franziska, wie das war, als sie mit Emilie erstmals

Impfungen wurden erst nach langen Kämpfen der aufgeklärten Ärzteschaft akzeptiert. Hier eine Illustration von 1883.

den Hörsaal betrat. Ein Pfeifkonzert empfing die beiden, ein Johlen und Brüllen. »Da hieß es ruhig bleiben.« Das Leben und Arbeiten als Studentin war etwas völlig Neues – sowohl für die jungen Frauen als auch für die Universitätsprofessoren und für die Züricher Bevölkerung, die einen Verfall der Sitten befürchtete, wenn Mädels statt in männlicher Begleitung allein und mit Büchern unterm Arm über die Straßen liefen. Tiburtius: »Wer die damaligen Anschauungen kennt, wird es begreifen. Ein junges Mädchen – ich war noch jung! – auf einer Universität und Medizin studierend – undenkbar!« Franziska musste Latein und Mathematik nachholen; es war nicht leicht für sie, einen Privatlehrer zu finden. Vorurteile gegen die Lern- und Denkfähigkeit von Frauen waren beinhart und weit verbreitet.

Die Professoren der Medizin – es gab immer einige frauenfreundliche Ausnahmen – befürchteten nicht nur, dass die Mädels vom Studium geistig überfordert seien. Sie hielten gerade in ihrem Fach weibliche Teilnahme für völlig unpassend. So schrieb ein Dr. Georg Lewin: »Wenn es als Axiom gelten muss, dass die Bestimmung der Frau die Ehe sei, so tritt an uns die Frage heran, ob durch das Studium der Medizin die zur Ehe benötigten Eigenschaften der Frau nicht geschädigt werden. ... Die Frau, die über die Anatomie der Geschlechtsteile nicht allein des Weibes, sondern auch des Mannes orientiert ist und über das Mysterium des Geschlechtsaktes ohne Erröten sprechen kann, wird den Mann, wenn nicht immer abstoßen, so doch immer kaltlassen.«

Tiburtius, Lehmus und all die anderen zumeist aus dem Ausland angereisten ersten Studentinnen in Zürich reagierten auf die verächtliche Stimmung in Hörsälen und der Öffentlichkeit mit engem Zusammenschluss. Durchhalten konnten sie nur, wenn sie sich in ihrer Außenseiterposition wechselseitig ermutigten. Tiburtius: »Wir haben alle gut miteinander gestanden, haben voneinander gelernt, sind aneinander gewachsen und lebten in einer Art von geistigem Kommunismus. Es war ein schönes Zusammenarbeiten, eine glückliche Zeit des Aufstrebens.«

Emilie Lehmus, die erste Medizinstudentin Deutschlands, gründete mit Franziska Tiburtius zusammen in Berlin eine diagnostische Klinik für Frauen.

Das galt auch für die Zeit nach dem Studium. Tiburtius und Lehmus machten hervorragende Abschlüsse. 1874 erschien folgende Notiz in der *Kölner Zeitung*: »Fräulein Emilie Lehmus aus Fürth, die erste deutsche Dame, die in Zürich Medizin studierte, machte in voriger Woche ihr Examen und erhielt das Prädikat Ausgezeichnet.« Franziska Tiburtius promovierte 1876. Beide Ärztinnen vervollkommneten ihre Ausbildung in Sachsen. Um zu praktizieren, benötigten sie die Approbation. Die aber wurde ihnen in Deutschland verweigert. In Preußen gab es immerhin eine liberale Gewerbeordnung. Eine Niederlassung war möglich, allerdings durften sich die beiden Medizinerinnen nicht »Ärztinnen« nennen. Auf ihrem Türschild stand: »Dr. med. in Zürich«. Vom Status her waren sie Heilpraktikerinnen gleichgestellt.

Vorurteile gegen die Lern- und Denkfähigkeit von Frauen waren beinhart und weit verbreitet.

Es war seinerzeit für die wenigen Frauen mit Studienabschluss überall das gleiche Elend. Ihre Noten konnten noch so gut sein, die Berufsverbände schlossen sie aus. Studieren konnten Frauen kurz nach der Jahrhundertwende dann auch in Bayern, Baden und Württemberg, die anderen Länder folgten, zuletzt Preußen 1908. Aber ob die promovierten »Damen« dann auch in ihren Berufen tätig werden konnten, war selbst mit dem Doktorgrad keineswegs garantiert.

Tiburtius und Lehmus eröffneten in Berlin, Alte Schönhauser Straße 23/4, eine kleine Praxis, die bald überlaufen war. Eine Gedenktafel erinnert heute an diese Pioniertat. Die beiden Ärztinnen behandelten mittellose Patientinnen umsonst, für ihren eigenen Lebensunterhalt schossen die Familien zu. Später stießen weitere Medizinerinnen zu ihnen, gemeinsam eröffneten sie die erfolgreiche »Chirurgische Klinik weiblicher Ärzte«.

Emilie Lehmus gab 1900 aus gesundheitlichen Gründen ihre Mitarbeit auf und zog nach München. Sie verstarb 1932 in Gräfenburg. Franziska Tiburtius beendete 1908 die praktische Arbeit, unternahm Fernreisen und schrieb die *Erinnerungen einer Achtzigjährigen*. 1927 ist sie in

Berlin gestorben. »Mein Leben ist köstlich gewesen, denn es ist Mühe und Arbeit gewesen.« Nicht allein ihre Arbeit am Krankenbett veranlasst uns heute, an sie zu erinnern. Es ist vor allem die Mühe, die sie aufbrachte, um – zusammen mit Lehmus – die Tore zu den heiligen Hallen der Wissenschaft für sich und die Frauen überhaupt aufzusprengen. Der ärztliche Stand ist heute ohne die engagierte Beteiligung eines großen Anteils Frauen gar nicht vorstellbar. Und ohne die Ruhe, zu der Tiburtius und Lehmus sich zwangen, als sie unterm Pfeifkonzert aufgebrachter Kommilitonen ihre Plätze im Hörsaal suchten, wären wir womöglich noch nicht so weit.

Venia Legendi

Emilie Kempin-Spyri

Was bedeutete im Jahre 1887 in der Schweiz das »Aktivbürgerrecht«? Nichts anderes als die heute so genannten Bürgerrechte, also die Staatsangehörigkeit, das Recht, sich wohnlich und beruflich niederzulassen, Ehrenrechte, Wahlrecht und auch manche Pflichten. Ein Mensch musste, um als Schweizer »Aktivbürger« zu gelten, in einem der Kantone geboren sein und das 18. Lebensjahr vollendet haben. Und er musste ein Mann sein. Es stand zwar nirgends in den Verfassungen der Kantone geschrieben, dass Frauen vom Aktivbürgerrecht ausgeschlossen seien. Dass aber der Gesetzgeber es genauso gemeint habe, erfuhr 1887 eine Beschwerdeführerin, die nach einem Jurastudium Anwältin werden wollte und kein Patent erhielt, weil ihr, so die Begründung, das Aktivbürgerrecht fehle.

Ihre Klage auf Zuerkennung dieses Rechtes wurde am Bundesgericht mit dem Hinweis zurückgewiesen, dass der Gesetzgeber niemals die Möglichkeit vor Augen gehabt habe, das Aktivbürgerrecht von Frauen in Anspruch genommen zu sehen. Das Begehren der Klägerin sei »ebenso neu als kühn«. Ihm könne keinesfalls entsprochen werden. Man sieht daran sehr gut, dass seinerzeit Frauen in der Schweiz (und auch sonst in Europa) nicht als Staatsbürgerinnen galten, dass ihre Existenz und ihre Rechte als abgeleitete Funktion des Status ihrer Männer (oder Väter) verstanden wurden.

Emilie Kempin-Spyri, studierte Juristin, die sich in der Schweiz den Anwaltsberuf erstritt.

Die Juristin, die den Anwaltsberuf ausüben wollte, hieß Emilie Kempin-Spyri und war 1853 in Altstetten nahe Zürich als Tochter eines Pfarrers zur Welt gekommen. Sie war die Nichte der berühmten Schriftstellerin Johanna Spyri. Ihr erging es wie so vielen jungen Frauen, die damals die Möglichkeit beim Schopf ergriffen hatten, welche die relativ neu gegründete Universität Zürich ihnen als erste bot: sich für ein Studium einzuschreiben und danach sogar eine Dissertation einzureichen. Kempin-Spyri war die erste promovierte (und später habilitierte) Rechtswissenschaftlerin der Schweiz und Europas. Doch als sie ihr Studium und ihren Doktorhut für eine Berufstätigkeit nutzen wollte, hieß es: Nein, halt, so ist es nicht gemeint. Studieren dürfen Frauen in Zürich jetzt durchaus, es ist ihnen sogar gestattet, die Doktorwürde zu erwerben. Aber die Anwaltskammer – oder eine sonstige berufsständische Vereinigung – braucht ihnen deshalb noch lange nicht die Lizenz zur Eröffnung einer Kanzlei zu gewähren. Die Berufsfelder waren vermessen und männlich besetzt. Man wollte dort keine Frauen haben, und wenn sie noch so klug erschienen. Emilie Kempin-Spyri war summa cum laude promoviert worden.

»In der Natur des Weibes nimmt das Geschlechtsleben ... einen so bedeutenden Platz ein, dass die Erfüllung der hohen Bestimmung als Gattin und Mutter nicht durch anderweitige Aufgaben gehemmt werden darf.«

PFARRER J. L. SPYRI

Man könnte nun vermuten, dass die Anwälte im Kanton Zürich – und die Ärzte, Architekten, Wissenschaftler usw. weltweit – die weibliche Konkurrenz fürchteten, und das ist auch sicher nicht falsch. Doch stand dieses Motiv nicht im Vordergrund. Was in erster Linie Anwaltskammer und Bundesgericht dazu bewog, Emilie Kempin-Spyri die Ausübung des Rechtsbeistandsberufes zu verbieten, war weniger die Furcht vor einer glänzenden Frau Dr. jur. als das Frauen- und Gesellschaftsbild der Zeit. Frau und Beruf, das ging einfach nicht zusammen. Man ließ die gelehrte

Frau als seltene Ausnahme zu, hing aber sonst der Überzeugung an, dass Frauen einzig und allein in der Familie und als Mütter ihre Bestimmung fänden und dass Berufstätigkeit ihnen selbst, ihren Männern und Kindern und schließlich der Gesellschaft unweigerlich zu schwerem Schaden gereichen würde. Dieses Frauenbild war durch Tradition und Religion abgesegnet, die übergroße Mehrheit der Männer – und Frauen (!) – hielt es für unhintergehbar. Auch Emilies Vater, Pfarrer Johann Ludwig Spyri, dachte so. Er befand: »In der Natur des Weibes nimmt das Geschlechtsleben ... einen so bedeutenden Platz ein, dass die Erfüllung der hohen Bestimmung als Gattin und Mutter nicht durch anderweitige Aufgaben gehemmt werden darf.« Pfarrer Spyri verhielt sich konsequent und wandte sich von der Tochter ab, als diese sich für ein Universitätsstudium entschied. Kempin-Spyri blieb lange Zeit die einzige Frau an der Fakultät.

Zum Zeitpunkt ihrer Immatrikulation ist Emilie schon 32 Jahre alt und Mutter dreier Kinder. Ihr Ehemann Walter Kempin, Theologe und Journalist, unterstützt seine Frau bei ihrem Studienwunsch und bei den folgenden Versuchen, sich als Anwältin durchzusetzen. Als Emilie beschließt, sich zu habilitieren, um an der Hochschule lehren zu können, steht er weiter hinter ihr. Aber die patriarchalische akademische Welt widersetzt sich erneut: Emilies Antrag auf Habilitation wird 1888 abgelehnt. Der Grund: Er stammt von einer Frau. Es gab allerdings auch Befürworter. Sieben Mal trat das Gremium zusammen, um über Emilies Antrag zu entscheiden, bis es beschloss, an der Tradition und an dem Prinzip festzuhalten: keine Frauen in der Lehre. Emilie: »Wir Frauen sind in unserem Kampfe um unser gutes Recht auf bessere Bildung leider vielfach auf falsche Bahnen gedrängt worden. Statt frisch und fröhlich an unserm Werke zu arbeiten, mussten wir Schritt auf Schritt die tollsten Vorurteile über unser Können besiegen.«

Frau Kempin-Spyri beschließt, mitsamt ihrer Familie in die USA auszuwandern, wo sie auf bessere Chancen hofft. Sie setzt ihren Plan in die Tat um, sie lebt sich in der neuen Umgebung ein, lernt die Sprache, besucht Universitäten. In New York gründet sie eine Rechtsschule für Frauen, an der sie endlich selber lehren kann. Aber dem Rest der Familie bekommt der Wechsel nicht, vor allem Ehemann Walter leidet unter Heimweh, fin-

det keine Arbeit und akklimatisiert sich kaum. Nach drei Jahren Aufenthalt in der Neuen Welt kehren die Kempins nach Zürich zurück, zuerst Walter mit dem Sohn, danach Emilie mit den Töchtern.

Es ist die Epoche, in der Frauen überall an den Toren der Universitäten rütteln. Die Zeit arbeitet für Dr. Kempin-Spyri, ihr erneutes Gesuch auf Habilitation an der Universität Zürich wird bewilligt. Sie erhält die Venia Legendi für römisches, angelsächsisches und amerikanisches Recht. Doch ihre Vorlesungen sind selten gut besucht. Die männlichen Studenten boykottieren ihre Veranstaltungen, und Studentinnen gibt es noch nicht viele. Da die Einkünfte einer Lehrperson von der Zahl der Studierenden abhängen, die in ihre Vorlesungen kommen, bringt Kempin nur kümmerliche Honorare mit nach Hause. Ihr Mann verdient gleichfalls nicht viel, Geld ist ein ewiges Thema. 1896 kommt es zur Trennung der Eheleute.

Mit der Frauenbewegung hat sich Kempin anfangs gut verstanden, ja, sie gehörte dazu. Die berühmte Frauenrechtlerin und Juristin Anita Augspurg war eine ihrer Studentinnen. Nach all ihren Kämpfen und

---

Die Bowery Road in New York 1884 zeigt, wie belebt und hektisch die Einwandererstadt schon in der zweiten Hälfte des 19. Jahrhunderts war.

Niederlagen aber bezieht Kempin nun konservative Standpunkte. Während überall in Europa und Amerika Feministinnen um das Frauenwahlrecht kämpfen, behauptet Kempin, dass Frauen dieses Recht nicht zustünde. Und sie versteigt sich zu der Ansicht, dass die Mehrheit der Frauen mit ihrer abhängigen Existenz in der Familie doch ganz zufrieden sei, man es also dabei belassen könne. Die Wortführerinnen der Frauenbewegung brechen mit ihr, die guten Beziehungen zu Anita Augspurg schlagen in Gegnerschaft um. Das gibt es immer wieder bei »ersten Frauen«: Was sie selbst geschafft, wofür sie oft hart gekämpft haben, das wollen sie dem Rest der weiblichen Welt nicht zumuten und nicht zutrauen. Sie sehen sich als Ausnahmen und nicht als das, was sie waren: Türöffnerinnen.

Kempin geht nach Berlin, weil sie da bessere Möglichkeiten für berufliche Selbstständigkeit sieht. Es gibt noch einen Grund: Sie hat sich in den Schriftsteller Mathieu Schwann verliebt, der es aber auf ihre 19-jährige Tochter abgesehen hat und sie in einer Publikation bloßstellt. Die Beleidigte schlägt zurück, es entwickelt sich ein hässlicher Schlagabtausch. Emilie ist schließlich ganz allein, sie verzweifelt, bricht zusammen und landet in der Nervenheilanstalt Lankwitz. Von dort wird sie in die Anstalt Friedmatt in Basel überstellt. Hier stirbt die erst 48-jährige Emilie Kempin im Jahre 1901 an Krebs.

Das gibt es immer wieder bei »ersten Frauen«: Was sie selbst geschafft, wofür sie oft hart gekämpft haben, das wollen sie dem Rest der weiblichen Welt nicht zumuten und nicht zutrauen.

Es ist nie klar geworden, ob Europas erste promovierte und habilitierte Juristin wirklich an einer psychischen Krankheit litt oder ob ihre vergeblichen Kämpfe um beruflichen Erfolg, die Liebesenttäuschung und der Zerfall ihrer Familie sie aufgerieben haben. Letzteres ist wahrscheinlich. Und tragisch. Denn 1898 ist im Kanton Zürich ein neues Advokatengesetz verabschiedet worden, das Frauen zuließ. Es hat Emilie Kempin nichts mehr genützt – obschon sie ja zu den entscheidenden Kräften gehörte, die es auf den Weg gebracht haben.

»Wenn nicht ich, wer sonst?«

Alexandra Kollontai

Im Jahre 1917 besaßen die Frauen der meisten europäischen Länder kein Wahlrecht. 1906 war Finnland vorangegangen, gefolgt von Norwegen (1913), Dänemark (1915) und den Niederlanden (1917). In Deutschland und Luxemburg errangen die Frauen das Stimmrecht 1918, in Schweden, Österreich und Polen 1919. Die politisch am weitesten fortgeschrittenen Staaten England, Frankreich und die Schweiz bildeten interessanterweise eher die Schlusslichter. England wartete bis 1928, Frankreich bis 1944, Italien bis 1945 und die Schweiz gar bis 1971 mit diesem zentralen Recht der politischen Teilhabe. Die wechselvolle Geschichte Spaniens führte dazu, dass das 1931 durchgesetzte Frauenwahlrecht unter der Diktatur wieder abgeschafft wurde. Dies geschah, das passive Wahlrecht betreffend, auch in Deutschland 1933.

Und in Russland? Dort hatte man andere Sorgen. Während in den westlichen Staaten Frauen für das Wahlrecht auf die Straße gingen, stöhnte das rückständige Russland immer noch unter der Knute zaristischer Alleinherrschaft; die Aufhebung der Leibeigenschaft war erst eine Gene-

---

Alexandra Kollontai (1872–1952) war erste Ministerin und erste Botschafterin eines Staates weltweit.

ration her. Nicht nur die Frauen litten unter der abgehobenen Autokratie, auch die schmale Schicht der Intelligenz ertrug den Stillstand nicht mehr und begehrte auf. Man wollte endlich in der Moderne ankommen und dem Volk politische Rechte verleihen. Es gab immer wieder Aufstände und Attentate auf den Zaren – dahinter steckten keine Irren, sondern Patrioten, die ihr Land aus dem Mittelalter führen wollten. Zu diesen anarchistischen Gruppen gehörten ganz selbstverständlich Frauen. So Vera Sassulitsch, so Vera Figner.

Einer plausiblen These zufolge taten sich Länder mit überwiegend bäuerlicher Struktur leichter, Frauen das Recht auf politische Teilhabe zuzugestehen, als solche mit avancierter Industrie und starkem Bürgertum. Letztere entwickelten ein Gesellschafts- und Familienbild, das sich, dem bürgerlichen Selbstbewusstsein zum Trotz, am alten Adel orientierte und den Frauen vor allem Repräsentationspflichten zuwies und ihnen ferner häusliche Bescheidenheit abverlangte. Länder, in denen die große Mehrheit der Bevölkerung den Boden beackerte, konnten sich einen solchen Luxus nicht leisten. Die Frauen mussten immer mitarbeiten, sie waren trotz des patriarchalischen Grundmusters in der Praxis den Männern weniger untertan, da gleichgestellt in der täglichen Feldarbeit. Deshalb wohl fiel es zum Beispiel im ruralen Skandinavien beim Übergang zur modernen Gesellschaft leichter, den Frauen politische Mitbestimmung zuzugestehen. Auch in Russland war das folkloristische Bild von der Frau als den Stürmen des feindlichen Lebens enthoben (Schiller) und ganz auf eine stille Häuslichkeit eingestellt selbst im Adel weit weniger ausgeprägt. Das Leben war nicht danach.

So zählten denn auch zu den ersten Auslandsstudentinnen an der Universität Zürich, die seit den 1860er-Jahren Frauen zuließ, viele junge Russinnen. Eine von ihnen hieß Alexandra Kollontai. Die 26-Jährige schrieb sich für Wirtschafts- und Sozialwissenschaften ein. Sie war eine geborene Domontowitsch, der Vater bekleidete eine hohe Position im zaristischen Militär. Das Mädchen, Schura genannt, wuchs behütet auf, nahm zunächst teil an den Festfreuden der russischen Aristokratie und sollte standesgemäß mit einem General verheiratet werden. Doch Schura sagte Nein. Die wissensdurstige junge Frau teilte das Leiden der russischen Intelligenzija an den hinterwäldlerischen Zuständen in ihrem Land. Sie suchte Kontakt zur sozialistischen Bewegung, sie wollte in der Tradition von Sassulitsch und Figner in Russland Revolution machen. In der Schweiz lernte sie Georgi Plechanow kennen, in England das Ehepaar Webb, in Deutschland Rosa Luxemburg und Clara Zetkin, in Frankreich Paul Lafargue, Schwiegersohn von Karl Marx. Und in Russland Wladimir Iljitsch Lenin. Sie wurde eine seiner zuverlässigsten Kampfgefährtinnen. Neben Lenin gab es nur wenige, die wie er die Arbeit in der Partei und für die Revolution über alles stellten. Alexandra Kollontai war so eine Unbedingte. Dass sie eine Frau war, spielte keine Rolle, sie und andere Genossinnen der Bewegung wurden genauso ernst genommen wie die Männer. Das Leben war nicht danach, hier Empfindlichkeiten anzumelden. Es ging um ein gänzlich zu erneuerndes Russland, und der Einsatz von jedem wurde dafür gebraucht. Da war das Geschlecht der Revolutionäre egal.

*Dass sie eine Frau war,
spielte keine Rolle, sie und andere
Genossinnen der Bewegung
wurden genauso ernst genommen
wie die Männer.*

Statt des von den Eltern ausgesuchten Offiziers hatte Schura 1893 einen mittellosen Cousin, den Ingenieur Wladimir Kollontai, geheiratet – aus Liebe. Ein Sohn kam zur Welt, doch Schuras Arbeit für die sozialistische Partei trieb das Paar auseinander. Alexandra reiste viel, sogar nach Amerika. Die sozialistische Idee musste wie eine Stafette weitergetragen werden. In jenen Jahren vor und nach der ersten russischen Revolution von 1905 entwickelte Kollontai ihre Theorien und Strategien für eine Befreiung des russischen Volkes – und der Frauen in aller Welt. Sie blieb Feministin bis an ihr Ende.

Im Jahre 1917 war es dann so weit. Mitten im Weltkrieg kam es in Russland zum Umsturz. Aus den Ländern des Westens kehrten die exilierten Revolutionäre heim nach Moskau oder Petersburg, auch die in Russland polizeilich gesuchte Kollontai. Die sogenannte bürgerliche

Alexandra Kollontai, hier auf einem Porträt aus Familienbesitz, 1908.

Februarrevolution wurde im Oktober durch einen Staatsstreich der linken Bolschewiki überholt, die Provisorische Regierung unter Kerenski abgesetzt. Mit seinem Programm »Schluss mit dem Krieg und das Land den Bauern« gewann Revolutionsführer Lenin die Massen. Und er sagte zu seiner Gefolgsfrau Schura: »Fahren Sie sofort los und übernehmen Sie das Ministerium für Soziales.« Kollontai tat wie geheißen. Sie reformierte das Eherecht im Zeichen der Gleichberechtigung von Mann und Frau, verbesserte den Mutterschutz, setzte Straffreiheit für Abtreibung durch, errichtete ein Frauenhaus und eine Volksküche. Sie war unermüdlich und trotz ihrer Neigung zu teuren Pelzen sehr beliebt.

Politische Umbrüche, revolutionäre Verhältnisse können zu außerordentlichen personellen Konsequenzen führen. Dass im Russland des Jahres 1917 eine Frau als erste Ministerin der modernen Welt das Volkskommissariat für Sozialwesen übernahm, wäre ohne Umsturz und Neubeginn undenkbar gewesen. Aber es gilt auch umgekehrt: Ohne die Energie der russischen Revolutionäre, die seit Jahrzehnten im In- und Ausland den Aufstand geprobt hatten, immer in Gefahr, von Spitzeln enttarnt und nach Sibirien verbannt zu werden, ohne die Geduld und die Wut dieser Menschen, zu denen Alexandra Kollontai gehörte, hätte es den Sturz des Zarismus und den Neubeginn so nicht gegeben.

Was folgte, war der Bürgerkrieg, danach Unterdrückung all der freiheitlichen Tendenzen, welche die Revolution in ihren Anfängen aufgeboten hatte und für die auch Kollontai einstand. Was folgte, waren Terror, Stalinismus, Diktatur. Kollontai blieb nur ein halbes Jahr Ministerin. Die meisten ihrer Reformen wurden später zurückgenommen. Die mit der »Arbeiteropposition« gegen Lenins autoritäre Wende Stellung beziehende Revolutionärin wurde auf Botschafterposten weggelobt – erst nach Norwegen, dann nach Mexiko und schließlich nach Schweden. »Werde ich dort Fuß fassen? Werde ich meinem Land nützen? Wenn nicht ich, wer sonst?« Die mehrsprachige Weltbürgerin nahm ihre Aufgabe, in fernen Ländern für die Idee des Sozialismus und der Frauenbefreiung zu werben, sehr ernst. Sie war als Rednerin brillant, als Autorin von Pamphleten und Programmen begehrt. Einmal noch heiratete sie, den Matrosen und späteren Marineoffizier Pawel Dybenko, aber auch diese Ehe

scheiterte. Erst nach dem Zweiten Weltkrieg kehrte Kollontai nach Moskau zurück und wurde dort einflussreiche Beraterin des sowjetischen Außenministeriums.

Im Jahre 1917 erhielten auch die Russinnen das Wahlrecht. Das politische System, das zu etablieren Kollontai geholfen hatte, wobei sie an eine demokratische Zukunft des Rätesystems glaubte, misst dem Wahlrecht allerdings eine marginale Funktion bei. Als sich die Einparteienherrschaft unter Stalin verfestigt hatte, diente die Wahl lediglich dazu, der Diktatur einen Anschein von Legitimität zu verleihen. Es ist unmöglich, dass eine Person von Kollontais Urteilskraft das nicht durchschaut hat. Aber die erste Ministerin der Welt hielt lebenslang zur Revolution. Wahrscheinlich war es das Glück des einstigen Neuanfangs, das stets in

Eine Delegation schwedischer und norwegischer Industrie-Fachleute besucht die Sowjetunion. In der Mitte Kollontai.

ihr lebendig blieb, wodurch sie, die weit weg von Repression und Gulag im ruhigen Stockholm lebte, davon abgehalten wurde, gegen Stalins Politik Stellung zu beziehen. Als sie im Alter Notizen und Briefe aus dem Jahre 1917 ordnete und zusammenstellte, schrieb die erklärte Optimistin: »In hundert Jahren wird man das alles mit Begeisterung lesen und wird unsere Schwierigkeiten und unsere Siege auf neue Art begreifen.«

Das Glück dieser Erde

Hannah Zeitlhofer

Hannah Zeitlhofer, geboren 1986, ist in der Geschichte der Spanischen Hofreitschule in Wien die erste Frau, die zur Ausbildung als Bereiterin zugelassen wurde. Elisabeth Gürtler-Mauthner, geboren 1950, ist die erste Direktorin dieser Schule.

Mit dem Reiten ist es wie mit dem Kochen. Der Pferdesport ist eine Domäne der Mädchen und Frauen geworden und das Kochen eine Verrichtung, die weltweit vor allem Frauen betreiben. Wenn aber Spitzenleistungen gefordert sind, die Ruhm und Ehre eintragen, sind die Männer unter sich. Was nun den Reitsport betrifft, so spielt es eine gewichtige Rolle, dass das Pferd über Jahrtausende hinweg das elementare Fortbewegungsmittel für uns Menschen war und wegen seiner Haltungskosten entsprechend mit Prestige aufgeladen. So konnten Frauen erst in die Welt der Pferdezucht und des Reitsports eindringen, als das Ross mit der Automobilisierung seine Bedeutung verlor. Die Ausbildung an der Spanischen Hofreitschule (SRS) zu Wien jedoch blieb auch nach der Erfindung des Ottomotors eine Männerdomäne. Seit 2007 allerdings steht der altehrwürdigen Institution – sie diente zunächst der reiterlichen Ausbildung der

---

Hannah Zeitlhofer zog als erste Frau an der Spanischen Hofreitschule 2010 die Uniform der Bereiter an.

kaiserlichen Familie – eine Frau vor. Elisabeth Gürtler-Mauthner, ehemalige Chefin des Hotel Sacher und noch dazu Vizestaatsmeisterin im Dressurreiten, ist die erste Direktorin der renommierten Lehranstalt, welche zum immateriellen Welterbe der UNESCO erklärt wurde. Die Leiterin hat durchaus Einfluss darauf, wer zur Ausbildung an der SRS zugelassen wird.

»Ist es noch aktuell, wenn in einem Institut nur Herren arbeiten?«, fragte Frau Gürtler-Mauthner und verwies auf das Gleichbehandlungsgesetz der Europäischen Union. Dieses besteht zwar bislang nur in Form einer Handlungsvorschrift, einer Richtlinie, doch die Richtung ist vorgegeben. Die Direktorin stellt fest: »Wir bekommen jährlich unzählige Bewerbungen, jetzt müssen wir jene von Frauen nicht mehr sofort in den Papierkorb werfen, denn es gibt keinen sachlich gerechtfertigten Grund mehr, Bewerberinnen abzulehnen.« 2008 erhielt die 22-jährige Hannah Zeitlhofer dann die Chance, Bereiterin zu werden. Seit über 430 Jahren ist sie damit an der SRS die erste weibliche Auszubildende.

Die Spanische Hofreitschule ist die einzige Institution, in der seit dem 17. Jahrhundert die »Hohe Schule der klassischen Reitkunst« gelehrt wird, der anspruchsvollsten Dressur überhaupt. Seit Jahrhunderten wird hier mit nur einer Rasse gearbeitet, dem aus Spanien stammenden Lipizzaner. Hannah Zeitlhofer bemerkte über ihre erste Begegnung mit den Tieren: »Ich habe davor noch nie auf einem Lipizzaner gesessen, habe wirklich keine Ahnung, eher ein bisschen Respekt gehabt – 72 Hengste in einem Stall, da weiß man nie so genau. Wenn man andere Hengste kennt, ist das nicht so lustig, weil sie sich ganz schön aufregen können. Aber hier – ich bin so begeistert von diesem Charakter, das ist ein Wahnsinn! Das sind so brave, ruhige Tiere, die kann nichts erschüttern.« Lange Zeit wurde diese älteste Kulturpferderasse der Welt auf den Bedarf am kaiserlichen Hof hin gezüchtet – für den Einsatz als Kutsch-, Karussell- oder Paradepferd. An der Hofreitschule gibt es ausschließlich Hengste. Sie können Alice, Belladonna, Gala oder Zissi heißen – sie tragen durchweg weibliche Namen, denn sie werden nach ihren Müttern benannt. Das findet nicht nur Hannah Zeitlhofer erstaunlich, obwohl sie schon seit ihrem siebten Lebensjahr reitet. »Das ist schon komisch, wenn ein männliches

Pferd Kitty heißt.« Hannahs Vater reitet ebenfalls und ist mächtig stolz auf seine Tochter. Seine Begeisterung war wohl nicht unerheblich für ihre Berufswahl.

Welche Bedeutung hat nun ein Bereiter beziehungsweise eine Bereiterin? Dieses über 2000 Jahre alte Zitat des chinesischen Philosophen Lü Bu We (etwa 300 bis 235 v. Chr.) gibt ein wenig Aufschluss: »Zehn gute Pferde zu bekommen ist nicht so viel wie einen Pferdekenner zu bekommen.«

»Zehn gute Pferde zu bekommen ist nicht so viel wie einen Pferdekenner zu bekommen.«

LÜ BU WE (chinesischer Philosoph)

Es geht vor allem um die Ausbildung und das Trainieren der Tiere. Ein Pferdewirt, Pferdewirtschaftsmeister oder Hippologe kann sich als Jockey, Trabrennfahrer oder Reitpädagoge spezialisieren. Man kann auch Pferdewissenschaft studieren, wie es Zeitlhofer getan hat, und sich dann entschließen, Bereiterin zu werden. Doch davor steht eine lange Anwartschaft. Ein Bereiteranwärter muss einen jungen Hengst bis zur Schulquadrillenreife, dem Formationsreiten, ausbilden, erst dann steigt er zum Bereiter auf. Qualifizierte Bereiter werden zum Oberbereiter befördert, der dienstälteste Oberbereiter kann Erster Oberbereiter werden. Die Uniform der Bereiter hat sich seit mehr als 200 Jahren kaum gewandelt, und sie steht auch Hannah gut zu Gesicht: Stulpenstiefel mit Schwanenhalssporen, brauner Reitfrack mit Zuckertasche, weiße Hose aus Hirschleder, ein Zweispitz als Kopfbedeckung und weiße Handschuhe aus Rehleder. Die traditionelle Birkengerte schnitzt sich jeder Bereiter eigenhändig.

Die Ausbildung der Pferde ist profund, das Ziel klar: »Einziges Streben der klassischen Reitkunst ist es, das Pferd schöner zu machen und es so lange wie möglich gesund zu erhalten.« In der Hohen Schule wird das Pferd zur Perfektion geführt. »Reite deinen Hengst vorwärts und richte ihn gerade«, lautet die Maxime. Der Schulhengst lernt Piaffe und Passage, Galopp-Pirouetten, den Galoppwechsel, Erhebungen wie Levade und

Pesade und schließlich Schulsprünge wie Kapriole, Croupade, Ballotade und Courbette. Die Spanische Hofreitschule ist berühmt für die Wiener Courbette: Hier springt der Hengst, nur auf den Hinterbeinen stehend, mehrmals hintereinander einen Satz nach vorn, er rebattiert – und landet flugs wieder auf den Vorderbeinen. Hat er all diese Aufgaben mit Bravour gemeistert, darf er in der Spanischen Hofreitschule einen weißen Schulsattel und Goldzeug tragen.

Die Ausbildung der Bereiter und Bereiterinnen ist nicht weniger umfangreich als die der Pferde. Die Lehrzeit vom Eleven bis zum Bereiter, vom Lehrling bis zum Lehrer, dauert acht bis zwölf Jahre, je nach Talent und Hingabe, sprich persönlichem Einsatz. Zur Ausbildung gehören Stallarbeit, Pferdepflege, Handhabung von Sattel und Zaumzeug sowie eine Reitausbildung. »Im ersten Jahr reitet man nur an der Longe, einer Führleine. Und ohne Steigbügel und Zügel«, bemerkt Zeitlhofer. Bewertet der Oberbereiter den Eleven schließlich positiv, darf dieser einen Junghengst anreiten und einen ausgebildeten Schulhengst in der Schulquadrille reiten. Dann, meist nach einigen Jahren, kann er sich »Bereiteranwärter« nennen. Diesen Status hat Hannah Zeitlhofer inzwischen erreicht. »Ich reite am liebsten Passage, eine Art Trab mit Schwebetritten. Das fühlt sich irrsinnig gut an, weil das Pferd dabei so groß wird und richtig abhebt. Aber es ist unheimlich schwierig, dem Pferd diese Bewegung beizubringen.« Um ein Haar hätte Zeitlhofer die Hofreitschule sozusagen verpasst: »Es ist allgemein bekannt, dass hier die Reiter mit dem besten Sitz herkommen. Jeder fragt nach einem Bereiter von der SRS, wenn ein wirklicher Ausbilder gesucht wird. Ich dachte mir zuerst: ›Spanische Hofreitschule, das brauch ich gar nicht probieren, das ist ja nur für Männer.‹ Dann hab ich mir gedacht: ›Wurscht, ich schreib einfach eine Bewerbung. Im schlimmsten Fall sagen sie Nein. Oder schreiben gar nichts.‹ Und da war ich dann sehr überrascht, als man mich zu einem Gespräch eingeladen hat. Am Tag darauf war Vorreiten, und gleich zwei Tage später habe ich angefangen.« Dass mit Zeitlhofers Antritt eine Tradition gebrochen wur-

---

Die Lipizzaner-Hengste der Hofreitschule zeigen ihr Können
bei einem Besuch in Berlin, 2009.

de, lassen die Männer sie nicht spüren. »Man merkt gar nicht, dass man in einem Männerbetrieb arbeitet.« Auch »blöde Sprüche gegen Frauen« habe sie nicht gehört. »Ich werde nicht anders behandelt als die Burschen, mit denen ich gemeinsam angefangen habe. Da wird kein Unterschied gemacht.«

Mittlerweile gibt es fünf andere Frauen, die in den nächsten zwölf Jahren die Laufbahn von der Elevin, Bereiteranwärterin, Bereiterin bis hin zur Oberbereiterin eingeschlagen haben. Hannah Zeitlhofer, die als erste Elevin im Jahr 2010 in der traditionellen Uniform an einer öffentlichen Vorstellung teilnahm, lässt die Zügel nicht schleifen: »Das Ziel ist natürlich Oberbereiter, das heißt, so viele Pferde wie möglich ausbilden und zeigen, wie man mit den Tieren zusammenarbeitet, und beweisen,

---

Eleven der Spanischen Hofreitschule (von links nach rechts):
Matthias Kronmayr (18), Sojourner Morell (18), Christoph Egger (16),
Hannah Zeitlhofer (22).

was man kann.« Trotz aller Erfolge beschleichen sie manchmal Zweifel. Sollte sie die Ausbildung am Ende nicht abschließen können, »wäre das schon ein ordentlicher Riss in meinem Leben«. Wie immer es mit ihr weitergeht – auf eines kann sie sich was einbilden: Zusammen mit Direktorin Gürtler-Mauthner hat Hannah Zeitlhofer eine Tür geöffnet, durch die ein Mädchen nach dem anderen aus dem Alltag des Pferdesports in Richtung Ruhm und Glanz hindurchspaziert.

Spaltung
Lise Meitner

Elise – Liserl – Lise Meitner – Lies Meitner – die Meitner. Alle diese Namensvariationen markieren Schritte auf dem Lebensweg der 1878 in Wien geborenen Lise Meitner. Es ist der Weg eines eher schüchternen Mädchens hin zu einer international renommierten Wissenschaftlerin. Vater Philipp, er war einer der ersten Juden, die in der Donaumonarchie als Rechtsanwalt zugelassen wurden, bereitete seine Tochter mit folgenden Worten auf die Männerwelt vor: »Liserl, ich entsinne mich eines Artikels von einem Dr. Möbius. Er legt dar, dass mathematisches Denken und ein weibliches Gehirn Gegensätze wären. Und wenn dann doch mal ein weibliches Wesen mathematisch begabt wäre, dann müsse man es quasi als etwas Naturwidriges betrachten. Jetzt magst du das komisch finden. Aber es gibt noch viele Männer, die das für bare Münze halten.«

Philipp und Hedwig Meitner stammen aus jüdischen Familien, doch ihre acht Kinder sind protestantisch getauft. Bildung, nicht Religion, spielt die Hauptrolle in dem gutbürgerlichen Haushalt. Die Kinder wachsen in einer liberalen und intellektuellen Atmosphäre auf, Musik und Literatur haben einen festen Platz im Familienleben. Liserls Vater legt großen Wert darauf, dass seine Töchter einen Berufsabschluss erwerben: »Ich habe euch beigebracht, euch nicht von Vorurteilen leiten zu lassen. Das gilt auch in die andere Richtung, hört ihr? Lasst euch nie durch Vorurteile, die gegen

---

Lise Meitner (1878–1968) mit Otto Hahn in ihrem Berliner Labor, einer ehemaligen Holzwerkstatt, 1919.

euch gerichtet sind, lähmen! Vielleicht seid ihr Ausnahmen, vielleicht auch nur die erste Generation von Frauen, denen die Welt des Wissens offensteht. Jedenfalls verpflichtet euch eure Begabung, euren Weg zu gehen. Leicht wird es gewiss nicht werden.«

Lise war also vorbereitet. In Österreich sah es zwar besser aus als in Preußen, was den Zugang von Frauen zu Bildungseinrichtungen anging, doch ein Gymnasium durften Mädchen auch hier nicht besuchen. Und: Bildung für Mädchen kostete Geld. Mit elf Jahren ging Lise in Wien auf eine Bürger-, anschließend auf die Höhere Töchterschule. Sie ließ sich zur Lehrerin ausbilden, darauf bestanden die Eltern – ihr Berufsziel aber hieß Wissenschaftlerin: »Ich war seit meinem 13. Jahr von dem Wunsch besessen, mich zur Matura vorzubereiten, um Mathematik und Physik zu studieren. Herzlich liebe ich die Physik, es ist so eine Art persönlicher Liebe, wie gegen einen Menschen, dem man sehr viel verdankt.« Matura, die österreichische Hochschulreife, und Lehramtsexamen erledigte sie in einem Aufwasch, und 1901, vier Jahre nachdem in Österreich Frauen ein Universitätsstudium ermöglicht worden war, begann sie, Physik, Philosophie und Mathematik zu studieren – um fünf Jahre später über das Thema »Wärmeleitung im inhomogenen Körper« zu promovieren. Zu dieser Zeit hatte sie die Seminare des Physikers Ludwig Boltzmann besucht, für den sie sich rückhaltlos begeisterte. »Seine Vorlesungen sind die schönsten und anregendsten, die man wohl jemals gehört hat! Aus jeder gehe ich mit dem Gefühl, in eine ganz neue und wunderbare Welt geschaut zu haben.« Hier erfuhr sie erstmals, dass die als unteilbar geltenden Atome doch teilbar sein könnten.

Besonders interessierte sich Lise für die Forschungen von Marie und Pierre Curie auf dem Feld der Radioaktivität, das gerade erst von Antoine Henri Becquerel im Jahre 1896 entdeckt worden war. Den Begriff selbst hatte Marie Curie geprägt, Lise Meitner sollte es ihr in dieser Hinsicht später gleichtun. Sie bewundert die berühmte Forscherin und bewirbt sich bei ihr an der Sorbonne – vergeblich. 1907 geht sie stattdessen nach Berlin, hier sind die besten Köpfe der Physik versammelt. Meitner besucht Vorlesungen Max Plancks, gezwungenermaßen als Gasthörerin, denn in Preußen wurde es Frauen erst ein Jahr später erlaubt, sich zu immatrikulieren.

Höhere Bildungseinrichtungen waren auf weibliche Studierende oder Lehrkräfte nicht vorbereitet, ja sie mochten sie nicht dabeihaben. Frauen sollten in den Hallen der Alma Mater nicht in Erscheinung treten, und wenn doch mal eine hineingelangte, wurde sie geschnitten und nicht angeschaut, als wäre sie gar nicht da. So ergeht es Lise Meitner, als sie 1907 gemeinsam mit Otto Hahn im gerade erst gegründeten Chemischen Institut der Friedrich-Wilhelm-Universität zu forschen beginnt. Ihre Zusammenarbeit wird mehr als dreißig Jahre währen und 1944 mit dem Nobelpreis gekrönt werden – allerdings nur für Otto Hahn. Lange Zeit definierte sich eine Frau über den Mann, den Partner, den Freund, als Ehefrau trug sie seinen Namen. Meitners Forschungsfrüchte erntete auch ein Mann. Nur die Kollegen wussten, sie war »mitgemeint«. Meitner ging ohne Partner durchs Leben, sie war nie verheiratet. Ihre »*persönliche Liebe*« war die Physik.

»Herzlich liebe ich die Physik, es ist so eine Art persönlicher Liebe, wie gegen einen Menschen, dem man sehr viel verdankt.«

LISE MEITNER

Hahn, ein Radiochemiker, ist fachlich bereits viel weiter fortgeschritten. Nicht weil er besser oder fähiger ist, sondern weil er ein Mann ist. Als sie erfährt, wo und bei wem er geforscht hat, ruft sie erstaunt: »Bei dem berühmten Rutherford, der die Strahlen mit griechischen Buchstaben benannt hat? Da waren Sie aber glücklich dran! Überhaupt, wie glatt bei euch Männern alles geht. Ich musste so viele Umwege machen. Fast 23 Jahre war ich alt, als ich überhaupt erst die Matura ablegen konnte. Lachen Sie nicht so mitleidig. Nicht weil ich deppert bin – es machte ja keinen Sinn, wir Mädels wurden eh nicht zur Uni in Österreich zugelassen. Hier bei den Preußen ist es ja immer noch so.«

Das Berliner Labor, eine ehemalige Holzwerkstatt im Keller des Instituts, muss Meitner durch einen Hintereingang betreten. Die oberen Studiersäle und alle anderen Arbeitsräume sind tabu, denn sie wird nur als Gast geduldet. Und ein Gast wird nicht bezahlt, auch wenn er arbei-

Berta Karlik erläutert Lise Meitner eine Versuchsanordnung im Radiuminstitut der Akademie der Wissenschaften in Wien, 1953.

tet. Wenn Lise mit Otto Hahn durchs Institut geht, grüßen die Kommilitonen demonstrativ nur ihn, Lise Meitner ist Luft für sie. Bis sie sich – nicht als Frau, sondern als Wissenschaftlerin – Ansehen erwerben würde, war es noch ein weiter Weg. So berichtet sie über eine Anfrage zu einem Lexikoneintrag: »Als man dem Brockhaus-Verlag mitteilte, dass der führende Physiker im Bereich Radiochemie eine Frau wäre, war der geradezu entrüstet. Man denke nicht daran, einen von einem ›Fräulein Doktor‹ verfassten Aufsatz zu drucken.«

Hahn beschreibt den atomaren Vorgang als ein »Zerplatzen«, Meitner nennt ihn eine »Spaltung« – dieser Begriff setzt sich durch.

Als erste Frau an einer preußischen Hochschule besetzt sie 1912 bei Max Planck eine Assistentenstelle – allerdings inoffiziell. Ein Jahr später wird sie wissenschaftliches Mitglied am Kaiser-Wilhelm-Institut. Lise ist nun 35 Jahre alt und erhält ihr erstes Gehalt. Im Physikalischen Kolloquium trifft sie sämtliche Koryphäen ihres Fachs, im Austausch regen sich die Wissenschaftler wechselseitig an, die Gespräche kommen ihren Forschungen zugute. Meitner erfährt in diesem erlauchten Kreis – auch Albert Einstein gehört dazu – eine Wertschätzung, die unabhängig von ihrer Stellung als Frau und auch von der Gunst eines Mannes ist. Hier ist sie weder Eindringling, noch muss sie sich entschuldigen oder zurückhaltend sein – hier ist sie mit allen auf Augenhöhe und gehört selbstverständlich dazu. Unter Kollegen wird ihre Fachkompetenz und Urteilskraft zunehmend geschätzt, ihr Rat gesucht, ihre Autorität anerkannt. Hahn und Meitner veröffentlichen ihre Ergebnisse regelmäßig am Schwarzen Brett des Instituts, ihr Name ist stets leicht abgewandelt: Otto Hahn, Lies Meitner.

In Kriegszeiten und auch danach, wenn die Männer fehlen, haben Frauen größere Chancen, beruflich aufzusteigen. Während des Ersten Weltkriegs arbeitet Meitner als Krankenschwester in einem Lazarett, kehrt jedoch 1916 in das verwaiste Institut zurück, um dort die Stellung zu hal-

ten. Im Jahr darauf wird sie Leiterin des in erster Linie für sie geschaffenen physikalisch-radioaktiven Fachbereichs. 1919 wird Meitner in den Professorenstand gehoben, freilich ohne Lehrgenehmigung. Ab 1920 dürfen sich in Deutschland Frauen habilitieren, Meitner macht das zwei Jahre später. 1926 wird sie außerordentliche Professorin für experimentelle Kernphysik an der Berliner Universität, als erste Frau Deutschlands.

Zwölf Jahre später, nach dem Einmarsch der Nationalsozialisten in Österreich, muss die Wienerin mit jüdischen Wurzeln Deutschland fluchtartig verlassen. In Schweden kann sie am Nobelinstitut für Physik arbeiten. Derweil entdeckt Otto Hahn mit seinen Kollegen die Kernspaltung, der briefliche Austausch mit Meitner trägt entscheidend dazu bei. Hahn beschreibt den atomaren Vorgang als ein »Zerplatzen«, Meitner nennt ihn

Lise Meitner, 1959.

eine »Spaltung« – dieser Begriff setzt sich durch. Ein Jahr danach liefert sie zusammen mit ihrem Neffen Otto Robert Frisch die erste theoretische Erklärung dafür, weshalb die Urankernspaltung mit einer erheblichen Energieabgabe verbunden ist. Diese richtige physikalische Deutung bildet das Fundament weiterer Forschung. Aus Elise Meitner war nun schlicht »die Meitner« geworden. Sie kehrte nie mehr dauerhaft nach Deutschland zurück, ihre Stellung als Frau und der Bruch in ihrer Forschung durch das erzwungene Exil führten dazu, dass ihre Leistung erst spät in vollem Umfang anerkannt wurde. Sie starb schließlich 1968 in Cambridge, England. Als späte Ehrung wird 1992 das Element 109 Meitnerium (Mt) getauft.

Himmelwärts

Sabiha Gökçen

»Wenn nicht Männer und Frauen gemeinsam für ein Ziel marschieren, sind die wissenschaftlichen und technischen Voraussetzungen für eine moderne Zivilisation nicht geschaffen«, so Mustafa Kemal Atatürk (1881–1938), Begründer und »Vater« der modernen Türkei. Frauen sollten Zugang zu allen Bildungsbereichen haben. In einer Rede, in der er unter anderem den Männern das Tragen von Hüten statt des traditionellen Fes empfiehlt, fragt er: »Eine Gesellschaft, eine Nation setzt sich aus Menschen beider Geschlechter zusammen. Wie kann es dann sein, dass die eine Hälfte der Gesellschaft in die Höhe strebt, während die andere Hälfte am Boden, an Ketten gebunden, bleibt?« Der Titel »Vater« und auch das »In-die-Höhe-Streben« sind ganz wörtlich zu nehmen. Atatürk – den Titel »Vater aller Türken« bekam er zu Lebzeiten vom Parlament verliehen – ist nicht nur Landes- und Übervater, sondern auch Vater von acht Adoptivkindern. Seine Töchter sollten zu modernen türkischen Frauen heranwachsen, so seine Idee. Eine von ihnen ist Sabiha. Dieses Mädchen wird ihm viel Freude bereiten.

Sabiha ist zwei Jahre alt, als sie ihre Eltern verliert und in ein Waisenhaus kommt. Gleichwohl kann sie später zur Schule gehen, denn ihre Geschwister unterstützen sie. Das Mädchen ist zwölf, als sie in ihrer Heimatstadt Bursa auf Atatürk trifft, der zu Besuch ist. »Einmal sah ich ihn im Garten und lief zu ihm. Dann erzählte ich, dass ich gern eine weiter-

---

Sabiha Gökçen (1913–2001) war die erste Kampfpilotin der Welt und die erste türkische Pilotin überhaupt.

führende Schule besuchen würde.« Atatürk adoptiert sie kurzerhand. Er ermöglicht ihr den Besuch eines Mädchenkollegiums in Istanbul und dann den einer Schule der Zivilluftfahrt. Sabiha ist 21, als Atatürk ihr den Nachnamen »Gökçen« verleiht, was in der Landessprache »auf den Himmel bezogen« meint. Nomen est omen: Sabiha Gökçen lernt fliegen. Mit dem Segen des Vaters absolviert sie eine Ausbildung bei der Fluggesellschaft Türk Kuþu (Türkischer Vogel) in Ankara. »Da ich so klein war, mussten die Pedale angepasst werden. Dieses Spezialflugzeug konnte nur ich fliegen.« Mit dem Segelflugdiplom in der Tasche geht sie 1935 für ein Aufbaustudium nach Russland, 1936 wird Gökçen in der militärischen Luftfahrtschule Eskişehir zur Kampfpilotin ausgebildet. Das ist außergewöhnlich. Atatürk-Biograf Andrew Mango beschreibt, wie die Entscheidung fällt, Gökçen militärisch auszubilden: »Atatürk testete Sabiha, indem er sie bat, eine Waffe an ihre Schläfe zu halten und abzudrücken. Sie zuckte kein bisschen.«

Beim 1. Flugzeugregiment macht sie ihr Praktikum, in dem sie mit Jagdflugzeugen und Bombern aufsteigt. Kampfpiloten werden unterschieden in Jagdflieger, die vornehmlich für den Luftkampf ausgebildet werden, und Bomberpiloten, die Ziele am Boden bekämpfen. Die Ausbildung zum Kampfpiloten ist weitaus anspruchsvoller als in der zivilen Luftfahrt. Gökçen erlernt auch das Fallschirmspringen, um bei Notfallsituationen in der Luft entkommen zu können. Sie wird auch im Umgang mit Waffen ausgebildet. Da sie vor Schießübungen nicht zurückschreckt, wird sie auch zu Kampfeinsätzen zugelassen.

»Kannst du dir vorstellen, wie stolz wir wären, wenn ein türkisches Mädchen die erste Kampfpilotin der Welt sein würde?«

MUSTAFA KEMAL ATATÜRK

Atatürk führt sukzessive Reformen zur Gleichstellung von Mann und Frau durch. Ab Mitte der 1920er-Jahre wird die Koedukation eingeführt, Polygamie verboten, die Einehe durchgesetzt und das passive wie aktive Frauenwahlrecht gewährt. Ab 1930 können Frauen an Kommunalwahlen

und bald auch an Wahlen zum Parlament teilnehmen. Die Gleichstellungspolitik hat einen funktionellen Aspekt, die moderne Frau soll »zur Idee des türkischen Nationalismus etwas beitragen«. 1935, nach ihrem ersten Alleinflug, spricht Atatürk zu Sabiha: »Kannst du dir vorstellen, wie stolz wir wären, wenn ein türkisches Mädchen die erste Kampfpilotin der Welt sein würde?«

Sabiha bewundert ihren Adoptivvater und ist ihm unendlich dankbar, sein Wille ist ihr patriotische Pflicht. 1937 beteiligt sie sich an einem Kampfeinsatz (Operation »Züchtigung und Deportation«) gegen den letzten großen Kurdenaufstand in Dersim, einer ostanatolischen Provinz. Biograf Mango: »Ihr wurde eine geladene Waffe mitgegeben, um sich bei einer Notlandung in Feindesland verteidigen zu können.« Gökçen unterstützt den Vormarsch der Bodentruppen, indem sie die kurdischen Stellungen bombardiert. Der Generalstab berichtet später in einem Report von »schweren Schäden«, die eine von Gökçens Fünfzig-Kilo-Bomben unter einer Gruppe von »fünfzig flüchtenden Räubern« bewirkt hat. Die Erhe-

Mustafa Kemal Atatürk mit seiner Adoptivtochter Sabiha Gökçen
auf dem Weg zum Flugplatz.

bung wird mit massiver Gewalt auch gegen Zivilisten niedergeschlagen, die Opferzahl liegt offiziell bei über 13 000. Die meisten Bewohner werden vertrieben, die Dörfer verheert. Da sie bei ihren zahlreichen Einsätzen »besondere Tapferkeit vor dem Feind« beweist, wird Sabiha Gökçen der höchste Fliegerorden der Türkischen Luftwaffe verliehen.

1938, in einer öffentlichkeitswirksamen Friedensmission, besucht Gökçen mit einem allseits bewunderten Rundflug jenseits der Ägäis nacheinander die Hauptstädte der Balkanländer Griechenland, Bulgarien, Jugoslawien und Rumänien. Atatürk stirbt im selben Jahr. Mit seiner Schwester und dem Premierminister wacht Sabiha an seinem Bett. Nach seinem Tod beginnt sie aus einer tiefen Trauer heraus einen Hungerstreik, wird aber überredet, ihn abzubrechen. Danach zieht sie sich aus der Öffentlichkeit zurück und arbeitet als Ausbilderin bei der Türkkuşu-Flugschule. 1940 heiratet sie den Luftwaffenmajor Kemal Esiner, der aber schon drei Jahre später dahinscheidet. 1951 meldet sich Gökçen freiwillig als Kampffliegerin für einen Einsatz im Koreakrieg, um bei den UN-Truppen Dienst zu leisten. Privat zeigt sie ihre außerordentliche fliegerische Begabung in einer Kunstflugstaffel. In ihrer gesamten Karriere flog die Kampfpilotin mehr als zwanzig unterschiedliche Flugzeugtypen, sowohl mit Propellerantrieb als auch mit Strahltriebwerk. Die Fliegerei beendet sie offiziell 1964.

Sabiha Gökçen ist die erste Kampfpilotin in der Geschichte der internationalen Luftfahrt, die Nation ist bis heute sehr stolz auf ihre Landestochter. Gökçen steht symbolisch für die moderne türkische Frau, der gleichberechtigt und ungeachtet ihrer sozialen Herkunft alle gesellschaftlichen Wege offenstehen. Sie stirbt zwei Monate nach der Eröffnung des Flughafens, der ihren Namen trägt. Der Sabiha Gökçen International Airport in Istanbul ist das größte erdbebensichere Gebäude der Welt. Ein Jahr vor ihrem Tod bemerkte Gökçen über ihren Ziehvater: »Es gibt einige Unglückliche, die versuchen, diesen großen Mann zu zerstören. Ich verurteile diese Angriffe. Möge Gott dieses Land auf dem Weg halten, den er vorgegeben hat.«

2004 publiziert der armenischstämmige Journalist Hrant Dink den Artikel »Das Geheimnis von Sabiha Hatun«. Darin wird die armenische

Abstammung Sabiha Gökçens mit Dokumenten belegt. Die letzte lebende Adoptivtochter Atatürks, Ülkü Adatepe, leugnet diese These. Allein die Behauptung, dass die Nationalheldin Gökçen eine Armenierin gewesen sein könnte, erregt große Empörung und führt noch immer zu heftigen Protesten, denn sie berührt einen wunden Punkt: Der Völkermord an den Armeniern während des Ersten Weltkriegs wird von der Türkei bis heute bestritten. 2007 wird Dink in Istanbul ermordet. Wegen des Massakers in Dersim bittet die türkische Regierung 2011 um Entschuldigung, räumt 13 806 Todesopfer ein und bezeichnet die Kämpfe als die »tragischsten und schmerzhaftesten Ereignisse« der neueren türkischen Geschichte.

Gökçen steht symbolisch für die moderne türkische Frau, der gleichberechtigt und ungeachtet ihrer sozialen Herkunft alle gesellschaftlichen Wege offenstehen.

Die Philosophin und Schriftstellerin Oya Erdoğan, Jahrgang 1970, beschreibt die Situation der Frauen in der heutigen Türkei folgendermaßen: »Zweifellos ist es Atatürk gelungen, dass heute nahezu jeder Türke Bildung als wertvolles Gut erachtet. Mädchen werden in ihrer Schullaufbahn aber immer noch benachteiligt. Als Türkin, in der Türkei geboren und im deutschsprachigen Kulturraum aufgewachsen, erinnere ich mich daran, keinerlei feminine Leitbilder gehabt zu haben. Als Frau gehört es sich, gehorsam und muslimisch zu sein, zu heiraten und Kinder zu bekommen. Dieses Ideal ist in der Türkei nach wie vor populär. Obgleich die Frauenbewegung in der Türkei moderne und freiere Frauen hervorgebracht hat, die kulturell wie politisch aktiv sind, verspüre ich bei meinen Reisen durch das große Land, dass die aufgeklärten Frauen eine Minderheit bleiben.«

Die Reformen Atatürks sind teilweise wieder zurückgenommen worden, eine wirkliche Gleichberechtigung der Geschlechter lässt auf sich warten. Sabiha Gökçen steht da als Ausnahmefrau, ein Leitbild ist sie höchstens für städtische und progressive Familien. Indes: Solange ihr Name in der Türkei noch hochgehalten wird, hat sie auch Einfluss auf das Frauenbild.

»Eine ganz disziplinlose Person«

Lenelotte von Bothmer

Kleiderordnungen sind und waren immer zugleich Kampfplätze. Wenn eine Magd im Mittelalter es wagte, für ihr Sonntagskleid Stoffe oder Zierlitzen zu verwenden, wie sie der Herrschaft vorbehalten waren, konnte sie was erleben! Auch Trachten und Uniformen galten exklusiv: Wer in einem Talar durch die Straßen ging, ohne Geistlicher zu sein, oder wie der Hauptmann von Köpenick in eine Offizierskluft schlüpfte, ohne dem Militär anzugehören, machte sich strafbar. Auch die Geschlechter waren strengen Kleiderregeln unterworfen. Als die Jungfrau von Orléans zu Beginn des 15. Jahrhunderts wegen Ketzerei zum Tode verurteilt wurde, lautete ein wichtiger Anklagepunkt: sie habe Männerkleider getragen. Auch heute gelten in Teilen der Welt strikte Kleidervorschriften, besonders für Frauen.

Eine wichtige Unterscheidung muss nun getroffen werden: Seit sich im Okzident die bürgerliche Öffentlichkeit konstituierte, also etwa ab dem 18. Jahrhundert, unterschied man zwischen privatem Habitus und

---

Lenelotte von Bothmer schockierte die konservativen Mitglieder des Bundestages und die Bundesdeutschen 1970 durch eine Rede – die sie in Hosen hielt.

öffentlichem Auftritt. Im heimischen Wohnzimmer durfte ein Mädchen in Pluderhosen herumlaufen, auf der Straße aber hatte sie sittsam bekleidet zu sein. Was nun als sittsam anerkannt wurde, darüber konnte man streiten. Nach der vorvorigen Jahrhundertwende ergriff die damals angesagte Lebensreform auch die Kleiderordnung: Das Korsett, die Schleppen und Volants, die Krinoline und der Cul de Paris, sie wanderten zusammen mit den überdimensionalen Hüten zum Lumpensammler. Das Reformkleid umspielte die weibliche Gestalt locker und leicht, war aber immer noch fußlang. Erst die 1920er-Jahre brachten den Durchbruch: Zugleich mit der Eroberung des Sports – Schwimmen, Tennis, Bergsteigen, Radfahren – durch die Frauen kam kurze funktionale Kleidung für sie in Mode. Sogar die Hose wurde durch Stars wie Marlene Dietrich für Damen salonfähig. Allerdings eher als Gag und Kostümierung, als Outfit für Mutige in der toleranten Atmosphäre einer Bar oder eines Clubs. Aber immerhin, es gab sie jetzt, die Frau, die die Hosen anhatte.

Die Hose, längst durchgesetzt als Kleidungsstück für Frauen auf der Straße und im Büro, sollte nun auch höheren Orts ihre Symbolkraft für die Gleichstellung entfalten dürfen.

Unter der Nazi-Diktatur war die Rolle der Frauen jedoch wieder vor allem mütterlich, dazu passte die Küchenschürze. Die Frau in Hosen war erneut nicht gern gesehen, auch männliche Verrichtungen wie Rauchen und Trinken waren für sie tabu. Der Krieg aber zwang Frauen in die Fabriken und sogar zu militärischen Hilfsdiensten, da musste das Outfit zweckdienlich sein. In den 1950er-Jahren trug frau im Winter Skihosen, im Sommer dreiviertellange Caprihosen. Seit den 1960er-Jahren wurden Hosen für Frauen ein praktischer Massenartikel, das Jeansmädchen strampelte auf dem Fahrrad durch die Gegend oder saß hinter ihrem Schatz auf dem Motorrad. Dies galt für die Öffentlichkeit der Straße. Im Theater, im feinen Restaurant oder bei festlichen Anlässen wäre eine Frau in Hosen immer noch scheel angesehen beziehungsweise gar nicht erst hereingelassen worden.

Das war ganz im Sinne von Richard Jaeger (CSU), dem Vizepräsidenten des bundesdeutschen Parlaments im Jahre 1970. Er verbiete einer Frau in Hosen das Betreten des Hohen Hauses und das Redenhalten daselbst, tönte er, denn er könne nicht zulassen, dass eine Abgeordnete solcherart die Würde des Bundestags verletze. Für ihn, der sich für die Begnadigung von NS-Verbrechern und für die Wiedereinführung der Todesstrafe einsetzte, sowie für so manche anderen konservativen Geister jener Zeit war es schlimm genug, dass Frauen nicht nur wählen, sondern auch gewählt werden und so die einst eherne Männlichkeit des Parlaments infrage stellen konnten. 1970 gab es 34 weibliche unter den 496 Abgeordneten im Bonner Bundestag. Eine von ihnen, die FDP-Frau Liselotte Funcke, hörte sich Jaegers Verdikt an und fand, dass dies nicht hinzunehmen sei. Sie dachte sofort daran, sich einen jener Hosenanzüge, die gerade in Mode

FDP-Politikerin Liselotte Funcke mit Wolfgang Mischnick, 1974.

gekommen waren, zuzulegen, um damit im Parlament in Erscheinung zu treten, zögerte jedoch, weil sie fürchtete, so einem Anzug figürlich nicht gewachsen zu sein. Also wandte sie sich an die schlanke Kollegin Lenelotte von Bothmer. Die Sozialdemokratin erklärte sich bereit, die Provokation zu wagen. Eigentlich war von Bothmer überzeugte Rockträgerin, aber hier ging es um mehr. Die Hose, längst durchgesetzt als Kleidungsstück für Frauen auf der Straße und im Büro, sollte nun auch höheren Orts ihre Symbolkraft für die Gleichstellung entfalten dürfen.

Die Abgeordnete ließ sich am 15. April 1970 im Anzug sehen, allerdings ohne zu reden. »Tatsächlich saß Herr Jaeger auf dem Präsidentenstuhl und guckte grimmig. Aber er hatte kein Recht, irgendetwas zu sagen.« Am 14. Oktober hielt Lenelotte von Bothmer dann in einem sandfarbenen Hosenanzug eine Rede vor dem Plenum. Die Reaktionen auf ihren Auftritt waren beide Male außerordentlich. Sie selbst hatte so eine Resonanz nicht erwartet. »Der ganze Saal geriet in Bewegung. Vom Balkon herunter richteten sich die Kameras der Presse auf mich.« Der Skandal wurde sogar in den Nachrichten erwähnt. Die Hosenträgerin erhielt große Mengen Post – es waren Glückwünsche darunter, aber noch mehr Schmähungen.

»Der ganze Saal geriet in Bewegung.
Vom Balkon herunter richteten
sich die Kameras der Presse auf mich.«

LENELOTTE VON BOTHMER

»Sie sind keine Dame«, hieß es, und: »Sie sind eine ganz disziplinlose Person.« Das war noch maßvoll. »Sie sind ein unanständiges würdeloses Weib« klang schon erboster. »Sie Schwein, Sie!« war dann richtig deftig. Die SPD-Politikerin, Tochter eines Geologen, verheiratet mit dem Lehrer Hermann von Bothmer und Mutter von sechs Kindern, gehörte bis 1980 dem Bundestag an. Sie war Vorsitzende des Bundes für Naturschutz und Landschaftspflege in Niedersachsen und Gründerin der deutsch-arabischen Parlamentariergesellschaft. Sie betrieb Friedenspolitik und setzte sich für das Ende der Apartheid in Südafrika ein. Im Alter schrieb sie Bücher und Theaterstücke. 1986 wurde sie in den Vorstand des Bundes

deutscher Schriftsteller gewählt. Es hätte ihr gut gefallen, wenn sie wegen dieser Verdienste berühmt geworden wäre – aber nein, was sich ab 1970 für alle Zeiten mit ihrem Namen verband, war ein modisches, sandfarbenes, elegantes zweiteiliges Kleidungsstück. »Ich war mit einem Schlag in aller Munde. Nicht weil ich klug oder weitblickend gehandelt oder geredet hätte, nein, weil ich einen Hosenanzug getragen hatte.« Womöglich unterschätzte Lenelotte von Bothmer die Bedeutung und Reichweite ihres Protestauftritts. Parlament und Volk gewöhnten sich bald an die Frau in Hosen auch auf politischen Bühnen, und es zeigte sich, dass weder diese Bühnen noch die Frauen ihre Würde einbüßten. Die Zeit war reif gewesen für Lenelottes Coup. Es brauchte lediglich die Entschlossenheit für den ersten Schritt.

(von links) Liselotte Funcke, Richard Jaeger, Kai-Uwe von Hassel (CDU), Bundestagspräsidentin Annemarie Renger (SPD) und Bundestagsvorsitzender Helmut Schellknecht bei einer Sitzung des Ältestenrats, 1976.

Was Richard Jaeger und den übrigen Empörten im Kopf herumspukte, war ja auch die Gleichsetzung von Hosen und Dominanz. Wenn Frauen schon als Abgeordnete in den Bundestag einziehen konnten, sollten sie bitteschön durch ihre Gewandung eine traditionell unterlegene Position kundtun. Insofern hat Lenelottes Auftritt, sicher auch inspiriert durch die Protestbewegungen der Zeit, welche die Mittel der Übertretung, der körperlichen Präsenz und der vollendeten Tatsachen einsetzte, einiges zur weiblichen Emanzipation beigetragen. Viele Kampagnen der damals sich formierenden Neuen Frauenbewegung entsprachen diesem Typus der zugleich symbolischen und demonstrativen Aktion.

Die Debatten um die Kleiderordnung in den Parlamenten waren damit aber noch nicht zu Ende. Joschka Fischer fiel als »Turnschuhminis-

---

Blick über die Reihen der Abgeordneten
im alten Bundestag in Bonn, 1971.

ter« in Hessen auf, die Grünen erreichten die Akzeptanz von Norwegerpullovern und Holzfällerhemden im Hohen Haus, und seit einiger Zeit wird geprüft, ob wohl der Krawattenzwang für Schriftführer aufgehoben werden könne. Ein kühnes Mitglied des Bundestages hat sich in dieser Frage so zu Wort gemeldet: »Ich kann nicht verstehen, warum ein modisches Accessoire aus dem 19. Jahrhundert für die Würde des Hauses entscheidend sein soll.«

Man sieht: Der Kampf geht weiter. Denn jede noch so kleine Verschiebung von Macht und Teilhabe findet ihren Niederschlag auf der symbolischen Ebene, und so auch in der Art, wie Menschen sich kleiden und zeigen. Die erste Bundeskanzlerin der Republik, Angela Merkel, tritt stets in Hosenanzügen auf. Man kennt sie kaum anders. Merkel im Sommerkleid auf der Regierungsbank – da läge die Assoziation »disziplinlose Person« gar nicht so fern. Das bedeutet: Die Hose als Attribut, das Dominanz ausdrückt, ist geschlechtsneutral geworden. Das gilt zwar noch nicht für die Macht als solche, aber zumindest für eines ihrer Zeichen.

Eine Frauenstimme!

Wibke Bruhns und Anne-Rose Neumann

Der Engel der Verkündigung wäre wohl männlich gewesen, hätten Engel ein Geschlecht. Durch die Jahrhunderte hindurch gehörten Bühnen, Kanzeln, Katheder und Podien, auf denen öffentlich etwas vorgetragen oder angesagt wurde, allein den Männern. Die mittelalterlichen Ausrufer waren exklusiv männlich, ebenso die Richter, Rhetoren, Professoren, Lehrer und Priester. Der Hintergrund dieser Regel ist ein Geschlechterbild, das Frauen um jeden Preis aus der Öffentlichkeit fernhalten will, das es für unzuträglich, ja sündhaft erachtet, wenn Frauen dort auftreten, wo alle gucken.

Deshalb waren ja auch die Frauenrollen noch zur Zeit Shakespeares um die Wende vom 16. zum 17. Jahrhundert mit Knaben besetzt und Katheder, an denen Vorlesungen gehalten wurden, Gerichte, die ein Urteil verkündeten und begründeten, immer rein männlich. Wer seinerzeit den Ausschluss von Frauen aus der Öffentlichkeit zu rechtfertigen hatte, berief sich auf das Paulus-Wort: »Die Frau schweige in der Gemeinde.« Ferner hatte der Apostel verfügt: »Einer Frau gestatte ich nicht, dass sie lehre.« Damit war keineswegs nur der Auftritt an einer Schule oder Akademie gemeint, sondern jedwede öffentliche Verkündigung zum Zwecke der Instruktion, Erbauung oder Belehrung. Und solange die Bibel und die Kirche das Geistesleben der Menschen beherrschten, also bis ins Zeitalter der Aufklärung, galt dieser Maulkorb für Frauen sehr weitgehend. Im

---

Anne-Rose Neumann war die erste Nachrichtensprecherin in der DDR.

Haus durften die Gattinnen natürlich schelten oder singen und die Kinder unterweisen. Aber wehe, sie stellten sich auf den Marktplatz und erzählten eine Geschichte oder entwarfen eine Philosophie.

Diese Zeiten sind vergangen. Aber die Paulus-Worte blieben lange noch im Ohr der Christenheit, historisch betrachtet bis vor Kurzem. Zwar sind es seit dem späteren 17. Jahrhundert Schauspielerinnen, die auf der Bühne Frauenrollen verkörpern. Und es existieren seit dem 18. Jahrhundert Salons, Clubs oder Vereine, in denen Frauen Reden halten konnten – wenn die auch zwischenzeitlich immer wieder verboten wurden. Heute ist die öffentlich auftretende Frau hierzulande normal. Doch als in der Mitte des vorigen Jahrhunderts das Fernsehen aufkam, war es in seiner journalistischen Abteilung fest in Männerhand. Diese neue häuslich vermittelte Öffentlichkeit tat sich anfangs schwer, Frauen in einschlägigen Positionen zu präsentieren. Man wandelte entschieden auf den Spuren des Paulus. Frauen durften in Filmen die Rollen der jungen Lady, Verführerin oder Mutti spielen, und sie waren als Assistentinnen der Showmaster beliebt. Aber wenn es darum ging, die Zeitläufte zu erklären, hatten sie draußen zu bleiben. Schon diese hohen Stimmen! Frauen in Radio und Fernsehen, erklärte ein Kritiker, klängen immer wie eine Pfarrersfrau, die ihre Haushälterin ausschimpft.

Frauen in Radio und Fernsehen, erklärte ein Kritiker, klängen immer wie eine Pfarrersfrau, die ihre Haushälterin ausschimpft.

Zu Beginn der 1970er-Jahre wurden mit der aufkommenden Frauenbewegung viele Fragen gestellt, die sich auf die Präsenz von Frauen in der Öffentlichkeit bezogen. Haus und Privatleben gerieten als vorrangige Domäne weiblicher Existenz in Verruf. Frauen demonstrierten, gründeten Lehrinstitute, Gesellschaften, Buchläden und Ferienhäuser sowie eigene Berufsverbände, sie eroberten die Straße, die Nacht und – was

---

Wibke Bruhns, die erste Nachrichtensprecherin in der BRD.

nahelag – auch die Medien. Journalismus wurde ein Frauenberuf. Es war und ist ein langer Marsch, und von weiblicher Unterrepräsentanz auf den Führungsetagen in Verlagen und Sendern muss immer noch gesprochen werden. Damals aber, in den Jahren 1968 bis 1971, wurde ein fulminanter Anfang gemacht.

»Sie sind nicht gefasst genug und brechen in Tränen aus, wenn in den Nachrichten von Krieg und Zerstörung die Rede ist.«

KARL-HEINZ KÖPCKE

Dennoch war die Folge Massenprotest, als erstmals eine weibliche Stimme im ZDF die Nachrichten vorlas, als ein weibliches Gesicht den Zuschauer dabei anblickte. Dieser Protest zeigte, dass man noch nicht so weit war, eine Frau in herausgehobener Position auf dem Bildschirm zu akzeptieren, hatte doch der Engel der Verkündigung männlich zu sein. Es war Wibke Bruhns, die am 12. Mai 1971 als erste Frau im bundesdeutschen Fernsehen die Welt erklärte: »Hier ist das Zweite Deutsche Fernsehen mit Nachrichten und Themen des Tages.« Das Publikum hielt den Atem an. Eine Frauenstimme! Und sie berichtete über so ernste Dinge wie Politik und Gesellschaft. Konnte das gutgehen? Anchorman Karl-Heinz Köpcke vom Ersten Programm, outete sich als Ungläubiger. Frauen kämen für die Berichterstattung an vorderster Front keineswegs infrage. Sie seien nicht gefasst genug und würden in Tränen ausbrechen, wenn in den Nachrichten von Krieg und Zerstörung die Rede sei. »Eine Frau hat doch Gefühle. Sonst wäre sie keine Frau.«

Aber Wibke Bruhns teilte klar und nüchtern, mit der gebotenen Distanz und Neutralität mit, was in der Republik und in der Welt vonstattenging. Da war keine Irritation, keine Unsicherheit, keine verdrückte Träne. Kopfschüttelnd blickt sie heute auf die Reaktionen zu ihrem Einstand zurück. »Ich war überrascht von der Unmenge Briefe, die ich bekam. Sie waren entweder negativ oder obszön. Männer boten an, mir ›meine Weiblichkeit zurückzugeben‹ – mit Angabe eines Hotels in Wiesbaden.« Das Nachrichtensprechen war der ehrgeizigen Journalistin bald nicht mehr genug. Bruhns ging als politische Korrespondentin nach Bonn, später nach Israel und Washington. Die Rolle als erste Frau auf dem »heute«-Bildschirm wäre auf Dauer eine Unterforderung für sie gewesen. Aber sie sieht sehr wohl die Wirkung, die von ihrem Auftritt ausging. »Ich hatte eine Tür für Frauen aufgemacht. Meine Aufgabe war erfüllt.«

An dieser Stelle muss eingestanden werden, dass Bruhns zwar die erste Sprecherin in den bundesdeutschen Fernsehnachrichten gewesen ist, aber nicht die erste Nachrichten-Frau im deutschen Fernsehen überhaupt. In der DDR hatte man sich bereits acht Jahre zuvor, erstmals am 8. März 1963, dem Internationalen Frauentag, dazu durchgerungen, einer Frau das Amt der Nachrichtenmoderation zu übertragen. Anne-Rose Neumann erledigte diese Aufgabe zur allseitigen Zufriedenheit. Unter 16 Kandidatinnen war sie als Sprecherin für die »Aktuelle Kamera« ausgewählt worden, und sie überzeugte sofort: »Guten Abend, meine Damen und Herren. Wie in vielen Ländern der Welt wird der Internationale Frauentag

Im Osten waren sie viel zahlreicher: Ansagerinnen des Deutschen Fernsehfunks (DFF) der DDR, 1977, Anne-Rose Neumann sitzt unten rechts.

heute in allen Teilen der Deutschen Demokratischen Republik ...« Gewisse Floskeln und Anreden kehrten in der »Aktuellen Kamera« fast täglich wieder. Anne-Rose Neumann lernte sie auswendig und studierte sie eigens ein. Schon bald ging ihr flüssig über die Lippen: »der Vorsitzende des Zentralkomitees der Sozialistischen Einheitspartei Deutschlands« et cetera.

Unter der Diktatur konnte keine autonome Frauenbewegung entstehen wie im Westen. Dafür betrieb die DDR eine Frauenpolitik, die weit fortschrittlicher war als in der Bundesrepublik. Was Familienplanung, Berufstätigkeit von Frauen und Kinderbetreuung betrifft, war die DDR der Bundesrepublik um Längen voraus. Hintergrund war das sozialistische Familienbild der arbeitenden Eltern und das Leitbild der staatlich geregelten Erziehung, die schon im Kindesalter beginnen sollte, sowie die weitgehende Entmachtung der Kirchen in der DDR. Anders als in der BRD hatten sie kaum noch politischen Einfluss. So blieb das lange Echo der Paulus-Worte den DDR-Frauen erspart. Und eine Nachrichtensprecherin ließ sich so leichter einführen und durchsetzen als im frauenpolitisch rückständigen Westdeutschland. Als Neumann nach 14 Jahren aufhörte, hatte

links: In der DDR wurde schon früh versucht, Frauen gleichberechtigt in die Arbeitswelt einzubinden.
rechts: Wibke Bruhns mit Kollege Jochen Breiter, 12. Mai 1971.

sie zahlreiche Kolleginnen. Zur Zeit der Wende, 1989, war Angelika Unterlauf das »Gesicht« der »Aktuellen Kamera«. Man kannte und mochte die Schönheit mit dem tiefen Blick auch im Westen.

Dort musste Skeptiker Karl-Heinz Köpcke von seinem Ruf und Ruhm als »Mr. Tagesschau« einiges an Dagmar Berghoff abgeben, die 1976 als Sprecherin anfing und mit ihrer klangvollen Stimme und dezenten Damenhaftigkeit zur Ikone der ARD-Nachrichten aufstieg. Man mochte sie auch im Osten. Nach der Wende war das Schicksal der »Aktuellen Kamera« besiegelt. Unterlauf ging zu Sat.1. Berghoff moderierte bis 1999.

Inzwischen ist das Nachrichtenwesen im gesamtdeutschen Fernsehen personell auf erfreuliche Weise männlich/weiblich gemischt. Durch die Türen, die Bruhns und Neumann aufgemacht haben, strömen heute Journalistinnen in hellen Scharen. Niemand käme mehr auf die Idee, ihnen die Kompetenz aufgrund ihres Geschlechts abzusprechen. Dabei hat keine je ihre Weiblichkeit eingebüßt. Und was Gefühle betrifft, so ist es bei Frauen genau wie bei Männern eine Frage der Professionalität, wann und wo sie sie zeigen.

Die Eiserne Lady und TINA

Margaret Thatcher

Großbritannien hat zwar Erfahrung mit weiblichen Regentinnen – Elizabeth I. lenkte 44 Jahre die Geschicke Englands, Victoria herrschte ganze 63 Jahre über Großbritannien, Irland und ein Weltreich, das von Neuseeland bis nach Kanada reichte –, doch in der Moderne ist Margaret Thatcher die erste gewählte Ministerpräsidentin eines westlichen Landes. Die Konservative sprach oft davon, dass es in der Politik nicht selten nur einen richtigen Weg gebe; »there is no alternative« ist eine gern von ihr verwendete Losung. Die Presse machte daraus das Akronym TINA. »Alternativlos« ist ein Wort, das in der Bundesrepublik Angela Merkel gern benutzt, wenn sie sich denn mal entschieden hat. Die Aufstellung von Alternativen gehört jedoch zur parlamentarischen Demokratie, sie ist eine originäre Aufgabe der Opposition. Sind die beiden Frauen womöglich diktatorisch in ihrem Führungsstil? »Die wiederholte Konstatierung von Alternativlosigkeit ... läuft auf die Entmachtung des Volkes hinaus«, befindet der Politologe Herfried Münkler. So weit wollte die britische Premierministerin dann doch nicht gehen, aber manchem Untertan mag es so erschienen sein.

Margaret Hilda Thatcher, geboren 1925, war die erste Regierungschefin eines westlichen Landes.

Die Parallelen zu Angela Merkels Weg sind bemerkenswert. Beide erwarben in ihrer Sozialisation ein positives Verhältnis zur Macht, das nicht mit ihrer weiblichen Identität kollidierte. Sowohl Merkel als auch Thatcher wuchsen in einem religiösen Elternhaus auf. Beide Frauen galten in ihren traditionell männlich dominierten Parteien wegen ihrer regionalen oder sozialen Herkunft als Außenseiterinnen. Daher wurden beide unterschätzt, man hielt sie für brav und bieder. Beide hatten ein gutes Gespür für Timing und nutzten die Gunst der Umstände. Und wie Margaret Thatcher trat Angela Merkel als Spitzenkandidatin gegen einen Amtsinhaber an, der beliebter und bekannter war als sie.

Das Vereinigte Königreich ist sich noch uneins, ob der »Thatcherism« dem Land nun gut oder schlecht bekommen ist. In zwei Umfragen zu Beginn des Jahrtausends wählte das Volk Thatcher auf Platz 16 der hundert größten Briten aller Zeiten und zugleich auf den dritten Platz unter den hundert schlechtesten. Für die einen ist Thatcher die bedeutendste englische Frau seit Elizabeth I. und die erfolgreichste konservative Premierministerin des 20. Jahrhunderts, nur mehr vergleichbar mit Churchill. Die anderen halten ihr vor, Großbritannien in eine Gesellschaft verwan-

»Meine Politik fußt nicht auf irgendeiner wirtschaftlichen Theorie, sondern auf Prinzipien, mit denen ich groß geworden bin.«

MARGARET THATCHER

delt zu haben, in der Egoismus und Habgier regieren. Thatcher selbst hält nichts von der Gesellschaft an sich. Und auch nichts von der Frauenbewegung. »So etwas wie eine freie Gesellschaft gibt es nicht, es gibt nur einzelne Männer und Frauen. Die Menschen sind es, die für sich selbst sorgen müssen. Die Ökonomie ist nur das Mittel. Es geht darum, das Denken zu verändern. Dem Kampf um Frauenrechte verdanke ich nichts.«

Thatcherism meint eine Deregulierung der Märkte (Arbeit, Wohnung, Finanzen), eine Beschränkung staatlicher und gewerkschaftlicher Einflussnahme sowie die Bekämpfung der Inflation durch eine monetaristische Geldpolitik. Konkret bedeutet dies die Privatisierung großer

Staatsunternehmen wie British Airways, British Steel und British Petroleum, die Privatisierung der staatlichen Rentenversicherung oder die Veräußerung staatlichen Wohneigentums. Sozialleistungen werden heruntergefahren und der Markt, soweit es geht, in Ruhe gelassen. »Meine Politik fußt nicht auf irgendeiner wirtschaftlichen Theorie, sondern auf Prinzipien, mit denen ich groß geworden bin: Bezahle ehrliche Arbeit, spare für schlechte Zeiten, begleiche pünktlich deine Rechnungen und unterstütze die Polizei.«

Baroness Thatcher auf der Schwelle zur Downing Street Nr. 10, dem traditionellen Sitz des Premierministers des Vereinigten Königreichs.

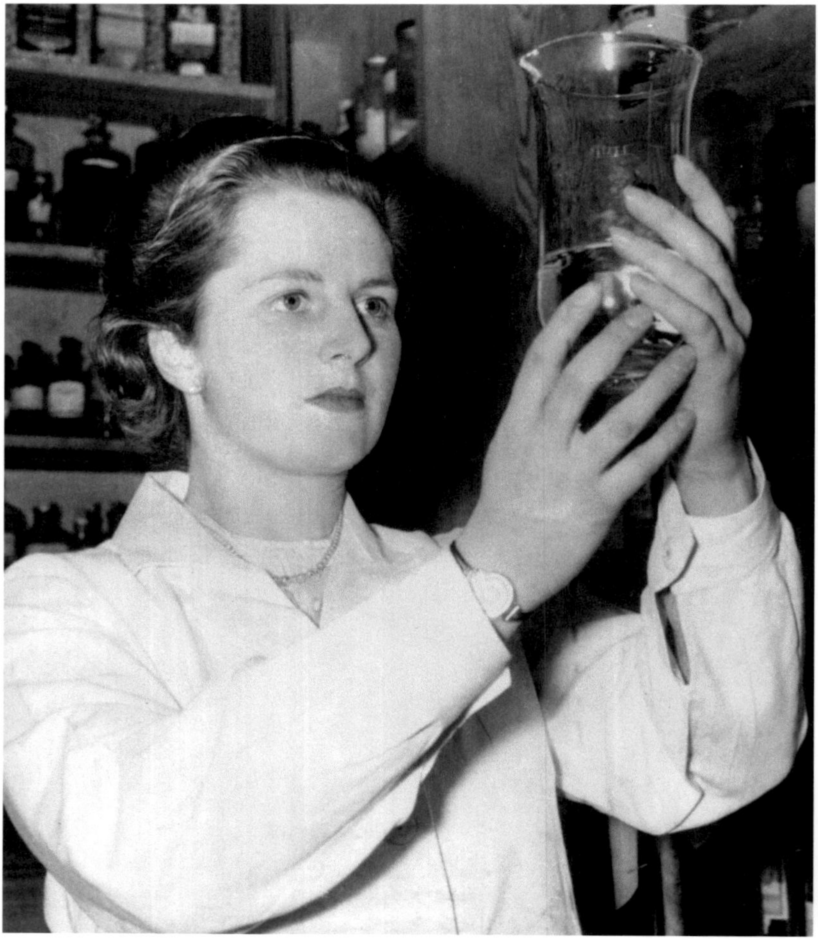

Wer war diese Frau, die es aus dem einfachen Mittelstand bis ganz nach oben geschafft hat? Margaret Hilda Roberts wird 1925 als ältestes Kind eines Kolonialwarenhändlers, methodistischen Laienpredigers und Bürgermeisters sowie einer Schneiderin in Grantham geboren. Die ganze Familie arbeitet im Geschäft mit, Redlichkeit, Sparsamkeit, Fleiß und Eigeninitiative werden hoch geschätzt. Margaret ist eine ausgesprochene Vatertochter, ihm will sie gefallen, durch gute Leistungen, Disziplin und

Margaret Hilda Roberts als Forscherin in der chemischen Industrie.

Einsatzbereitschaft. Er ermutigt sie und glaubt an sie. Ihr Geschlecht spielt keine Rolle, seiner Ansicht nach kann sie alles werden und alles schaffen. Sie selbst war sich da nicht so sicher, noch 1974 und schon lange auf dem Weg nach oben bemerkte sie: »Ich denke nicht, dass zu meinen Lebzeiten eine Frau Premierministerin werden wird.«

Mit 24 Jahren schließt Margaret ein Studium der Chemie ab; das Stipendium an der Universität Oxford hatte sie gewonnen. Sie arbeitet als Forscherin in der chemischen Industrie und wirkt unter anderem an der Erfindung des Softeises mit – der Name geht auf ihren Vorschlag zurück. 1951 heiratet sie den zehn Jahre älteren Geschäftsmann Denis Thatcher, den sie ein Jahr zuvor bei einer Zusammenkunft der Tories kennengelernt hat. Er ermuntert sie, sich zur Wahl zu stellen, was sie in den Jahren 1950 und 1951 auch tut – um jedes Mal zu scheitern. Frühzeitig teilt sie ihm mit, dass sie als Ehefrau keinesfalls den Haushalt führen, sondern sich beruflich engagieren werde. Ihm ist das recht, er glaubt ebenfalls an sie und wird ihr über die Jahre immer wieder eine Stütze sein. Zuwachs bekommt das Paar mit den Zwillingen Carol und Mark. Margaret beginnt ein Jurastudium mit dem Schwerpunkt Steuerrecht, 1959 wird sie für ihren Londoner Wahlkreis Finchley ins Unterhaus gewählt.

1960 hält sie im Unterhaus ihre *maiden speech*, die erste Parlamentsrede. Hier wird geschimpft und geflucht, gelärmt und beleidigt wie nichts,

»Ich denke nicht,
dass zu meinen Lebzeiten eine Frau
Premierministerin werden wird.«

MARGARET THATCHER

in England traditionell ein Bestandteil des parlamentarischen Prozesses. Thatcher gefällt das, und ihre selbstbewusst vorgetragene Rede findet Anklang. Ihre männlichen Kollegen halten den Glanz, der die Aufsteigerin umgibt, für ein Strohfeuer; Frauen traut man das Stehvermögen kaum zu, das die Politik, allemal ein hohes Amt, verlangt. Aber die Zweifler verstummen bald. Thatcher wird parlamentarische Sekretärin im Renten- und Versicherungsministerium, dann Sprecherin der Konservativen,

1970 Ministerin für Erziehung und Wissenschaft, 1975 Vorsitzende der Konservativen Partei und von 1979 bis 1990 Premierministerin mit ungewöhnlich langer Amtszeit. Als Politikerin will sie nicht unbedingt gemocht werden, es geht ihr vielmehr um die Macht, gestalten zu können. Akzente, die sie persönlich in der Politik setzt: Ja zu Todesstrafe und körperlicher Züchtigung von Gefangenen, Nein zu Abtreibung und Anerkennung der Homosexualität. Den Titel »Eiserne Lady«, auf den sie immer stolz war, bekam sie bereits vor ihrer Amtszeit verliehen. Ein Kommentator von Radio Moskau hatte sie so genannt, nachdem sie bei einem Besuch in Russland kein gutes Haar an der sowjetischen Politik gelassen hatte.

Großbritannien war damals der kranke Mann Europas, die Inflation galoppierte, Streikwellen wogten über das Land und erledigten nacheinander drei Regierungen: Wilson 1970, Heath 1974 und Callaghan 1979. Thatcher brach die Macht der Gewerkschaften, beschnitt den Einfluss der Institutionen und konzentrierte die Entscheidungsprozesse bei der Premierministerin. Das Kabinett traf sich fast nur, um ihre Entschlüsse abzusegnen. Einflussreiche Leute behandelte sie stets achtungsvoll, macht-

---

Bundeskanzler Schmidt und Premierministerin Thatcher in London, 1979.

lose hingegen konnte sie verbal gnadenlos niedermachen. Ihre Spezialität war die Verhandlung unter vier Augen, dabei setzte sie gern ihre Weiblichkeit ein. Eben noch entwaffnend freundlich, konnte sie ihren Gesprächspartner im nächsten Moment beschimpfen. Damit hat sie dem englischen Wortschatz einen zweiten neuen Ausdruck hinzugefügt: *to handbag someone*, jemanden sehr grob behandeln. Der Historiker und Thatcher-Biograf John Campbell: »Sie stritt immer, um zu gewinnen – nie, um Einsichten zu gewinnen. Damit kamen vor allem die älteren Männer nicht zurecht, weil sie es nicht gewohnt waren, mit Frauen zu streiten. Das waren Gentlemen. Thatcher hatte in den elf Jahren nur eine Frau im Kabinett. Sie mochte Frauen nicht, weil sie wusste, dass diese sie durchschauen würden. Aber vor allem liebte sie es, die einzige Frau zu sein. Hatten die Männer Angst vor ihr? Ja. Aber sie arbeitete auch hart für diese Angst. Sie machte immer ihre Hausaufgaben und wusste besser Bescheid über einzelne Fragen als mancher zuständige Minister.«

Thatcher eroberte die Macht im englischen Staat noch als Ausnahmefrau; sie überrumpelte die männliche Konkurrenz durch ihre Härte, Konsequenz und profunde Sachkenntnis. Obwohl sie gerne die »Eiserne« genannt wurde und in ihrer Politik Frauenrechte keine Rolle spielten, hat sie doch, vielleicht gegen ihren Willen, etwas für Frauen getan. Nach Elizabeth und Victoria ist sie die dritte weibliche Persönlichkeit, die Großbritannien so führte, dass alle Welt die Durchsetzungskraft und Beharrlichkeit dieser Politikerin bewundern und einräumen musste: Auch Frauen können eine Politik à la TINA betreiben.

»Sie stritt immer, um zu gewinnen – nie, um Einsichten zu gewinnen.«

JOHN CAMPBELL

An der Erfindung des Softeises war Margaret Thatcher maßgeblich beteiligt.

Herrenclub mit Dame

Marguerite Yourcenar

Monsieur Roger Caillois war im Dezember 1978 verstorben. Der französische Philosoph hatte einen Sitz in der Académie française innegehabt, und wie es üblich war, wenn einer der vierzig Académiciens verschied, musste ein Nachfolger gekürt werden. Es erhob sich ein Geraune unter den Gelehrten dieser altehrwürdigen Institution, Namen und Anspielungen schwirrten durch die Luft, Presse und Fernsehen mischten sich ein. So spielt es sich meistens ab – doch diesmal war etwas anders. Denn eine der Persönlichkeiten, die zur Debatte standen, war eine Frau. Das hatte es während der 350 Jahre, in denen die Akademie existierte, noch nie gegeben.

Akademiemitglied Jean d'Ormesson, ein guter Freund von Caillois, hatte mit dem Verstorbenen die Verehrung für die Schriftstellerin Marguerite Yourcenar geteilt. Deshalb erschien es ihm richtig und passend, diese weltweit geachtete Historikerin für den frei gewordenen »Fauteuil« in der Akademie vorzuschlagen – zumal der alten Dame bereits 1977 der Preis der Akademie zuerkannt worden war. Die Kollegen reagierten verwirrt, manche empört. Eine Frau in der Akademie? Man solle doch das

Marguerite Yourcenar erhielt 1983 den holländischen Erasmuspreis.
Hier bei der Verleihung in Amsterdam mit Prinz Bernhard (links).

Herkommen hochhalten, demzufolge weibliche Mitglieder in einer Gelehrtenrepublik fehl am Platze seien. Die Akademie stand immer für die Pflege der Tradition – zuvorderst natürlich der französischen Sprache, aber auch ihrer eigenen Gebräuche. Mitglied Claude Lévi-Strauss, der gegen Yourcenar war, hat gesagt: »Man ändert nicht die Stammesregeln.« Und: War Yourcenar überhaupt Französin? War sie nicht von fragwürdigem Geschlecht, da sie sich, wie es hieß, zu Frauen hingezogen fühlte wie ein Mann? War ihr Werk nicht umstritten? Es gab enormen Widerstand gegen d'Ormessons Vorschlag. Doch es gab auch Zustimmung. Sogar der Präsident der Republik, Valéry Giscard d'Estaing, bezog Stellung. Er war für Yourcenar.

»Das sind alte kleine Jungs, die sich am Donnerstag unter sich amüsieren. Ich glaube, eine Frau hat dort wirklich nicht viel zu suchen.«

MARGUERITE YOURCENAR

Während dieser Streit tobte, saß die Frau, um die es ging, in ihrem Haus im US-Bundesstaat Maine, nahe der kanadischen Grenze, und versuchte, über den Tod ihrer langjährigen Lebensgefährtin Grace Frick hinwegzukommen. Dass sie für einen Sitz in der Akademie empfohlen worden war, gefiel ihr, denn es ehrte sie. Aber sie war in ihrem manchmal zur Arroganz sich steigernden Stolz nicht bereit, um diesen Sitz zu kämpfen, etwa durch Bekundungen ihrer Loyalität oder durch Antrittsbesuche, wie andere Kandidaten es taten. Sie ließ die Dinge auf sich zukommen. Innerlich schüttelte sie den Kopf über das Gebaren der französischen Gelehrten. »Das sind alte kleine Jungs«, hat sie schon vor ihrer Kür über die Académiciens gesagt, »die sich am Donnerstag unter sich amüsieren. Ich glaube, eine Frau hat dort wirklich nicht viel zu suchen.«

1903 wird Marguerite Antoinette Jeanne Marie Ghislaine Cleenewerck de Crayencour als Tochter einer belgischen Mutter und eines französischen Vaters in Brüssel geboren. Die Mutter stirbt früh, der Vater verhilft der begabten Tochter zu einer profunden humanistischen Bildung

Reisen, schreiben, lieben – das ist der Dreiklang in Yourcenars Leben.

und nimmt sie auf seine Reisen mit, Paris wird Lebensmittelpunkt. 1919 schon veröffentlicht das junge Mädchen ein Gedicht über einen antiken Stoff – Vater und Tochter tüfteln ein Pseudonym aus: Yourcenar. Die Schriftstellerin wird diesen *nom de plume,* ein Anagramm des Vaternamens, ihr Leben lang tragen.

Die junge Marguerite Yourcenar in Paris.

Reisen, schreiben, lieben – das ist der Dreiklang in Yourcenars Leben. Ihre Werke: *Alexis, Feuer, Der Fangschuss, Die schwarze Flamme,* in denen es auch immer wieder um gleichgeschlechtliche Orientierung geht, verschaffen ihr Aufmerksamkeit, durch die fiktive Biografie des Kaisers Hadrian, *Ich zähmte die Wölfin,* in der die Schriftstellerin das Lebensgefühl der römischen Spätantike auferstehen lässt, wird sie schließlich berühmt. Sie nennt sich selbst treffend eine »Dichter-Historikerin«. Wissen und Erfindungen, Tatsachen und Fiktionen fließen in ihrer preziösen Prosa ineinander.

»Sobald ein Mensch liest oder nachdenkt oder rechnet, gehört er der Gattung an und nicht dem Geschlecht.«

MARGUERITE YOURCENAR

1939, also vor den Jahren des Ruhms, geht Yourcenar an der Seite ihrer amerikanischen Freundin Grace in die USA. Ihre Sprache aber bleibt das Französische, ihre Heimat die Welt, die sie stets neu bereist. Als sie in den 1960er-Jahren vom Geheimtipp zur Bestsellerautorin aufgestiegen ist und überallhin eingeladen wird, erhält ihr Leben einen zyklischen Zuschnitt: Sie ist wieder in Paris, der Stadt ihrer Jugend und ersten Erfolge, sie sieht Freundinnen von damals wieder, wird hofiert und gefeiert.

Und jetzt, wo sie auf die achtzig zugeht und sich nach der langen Agonie der Gefährtin daheim in Maine wieder auf Reisen begeben will, ruft die Académie française nach ihr. Diese weltweit bekannte Intellektuellen-Elite-Organisation wurde 1635 unter Ludwig XIII. gegründet. Kardinal Richelieu hatte Kontakt zu einer Literatenvereinigung, die sich um die Geschichte und Reinheit der französischen Sprache bemühte; das beeindruckte ihn, und er schmiedete aus diesem Kreis die Akademie mit ebenjener Aufgabe: Sprachpflege. Zur Gründung gab der Kardinal und Minister der Akademie den Siegelspruch »À l'immortalité« mit auf den Weg, weshalb sich die Mitglieder bis heute »die Unsterblichen« nennen. Die Akademie vergibt Preise, ediert Wörterbücher und pflegt ihre Rituale: Uniformen, Ansprachen, Wahlverfahren. Im Laufe der Jahrhunderte entstand dabei ein Wir-Gefühl, das Frauen ausschloss. Wobei man nicht davon ausgehen darf, dass die Académiciens frauenfeindlich eingestellt waren. Es gab im 17. und 18. Jahrhundert so wenige gelehrte Frauen in Frankreich und auch sonst in der Welt, dass weibliche Nicht-Repräsentanz in der Akademie sozusagen natürlich schien.

Das änderte sich im Laufe des 19. und 20. Jahrhunderts. Aber dass erst im Jahr 1980 eine weibliche Intellektuelle als Mitglied hinzukam, lag dann schon an einer Herrenclubmentalität, die sich gleichzeitig mit den ersten verdienten Autorinnen, Philosophinnen und Wissenschaftlerinnen und deren möglichen Ansprüchen herausgebildet hatte. Man wollte im Pariser Haus der Akademie unter Männern bleiben, und um dieses Bedürfnis zu legitimieren, sprach man Frauen die Befähigung zu herausragenden Leistungen in den Geisteswissenschaften ab. Aber Yourcenar war eine bedeutende *femme de lettres,* da gab es nichts dran zu deuteln. Als sich dann noch herausstellte, dass sie die zugunsten der amerikanischen einst aufgegebene französische Staatsbürgerschaft wieder angenommen hatte, als auch ihre verbissensten Gegner es als peinlich empfinden mussten,

Marguerite Yourcenars Haus »Petite Plaisance« in Maine, USA.

sich über ihre sexuelle Orientierung aufzuregen, war der Weg für Yourcenar frei. Jean d'Ormesson: »Für mich war sie zuvorderst eine große Schriftstellerin, und in dieser Eigenschaft gereichte sie der Akademie zur Ehre, sehr viel mehr als manche Männer, die klaglos gewählt worden wären.«

Der »Immortel« d'Ormesson betonte, dass er gar nicht für die Sache der Frauen habe streiten wollen, eher für ein Absehen vom Geschlecht,

1980: Marguerite Yourcenars Aufnahme in die Académie française.

wenn es um Leistung ginge. Ähnlich sah wohl auch Yourcenar die Dinge. Ihren Kaiser Hadrian ließ sie sinnieren: »Sobald ein Mensch liest oder nachdenkt oder rechnet, gehört er der Gattung an und nicht dem Geschlecht, ja er wächst in großen Augenblicken sogar über das Menschliche hinaus.« Der Umstand, dass die Akademie letztlich an der Dichter-Historikerin nicht vorbeikam, half der Sache der Frauen dagegen sehr, auch wenn sie oder ihr Mentor es nicht darauf abgesehen hatten. Jedoch war Yourcenar keine Antifeministin. »Wenn es darum geht zu kämpfen, damit die Frauen bei gleicher Leistung den gleichen Lohn erhalten wie Männer, dann kämpfe ich mit«, hat sie gesagt. Auch für freie Verhütung und Abtreibung hat sie sich eingesetzt.

»Vergessen wir nicht, dass die Frage der Anwesenheit von Frauen in dieser Versammlung sich erst vor etwa einem Jahrhundert stellen konnte.«

MARGUERITE YOURCENAR

Am 6. März 1980 wurde sie gewählt. In ihrer Antrittsrede vor der Akademie – ein sehr feierlicher Akt – sprach sie über die »Schatten« jener Frauen, die es schon vor ihr verdient hätten, aufgenommen zu werden. Die Historikerin zeigte indes auch Verständnis: »Vergessen wir nicht, dass die Frage der Anwesenheit von Frauen in dieser Versammlung sich erst vor etwa einem Jahrhundert stellen konnte. Anders ausgedrückt: die Literatur wurde in Frankreich um die Mitte des 19. Jahrhunderts für einige Frauen zugleich eine Berufung und ein Beruf, und diese Entwicklung war vielleicht zu neu, als dass sie die Aufmerksamkeit einer Compagnie wie der Ihren auf sich ziehen konnte.« Es war der alten Dame bewusst, dass eine neue Zeit begonnen hatte. Frauen galten hinfort als akademiefähig und potenziell »unsterblich«. Marguerite Yourcenar blieb nicht die Einzige. Bis ins Jahr 2011 folgten sechs weitere weibliche Mitglieder. 1999 erklomm die Historikerin Hélène Carrère d'Encausse sogar einen Führungsposten: Sie wurde die erste weibliche Secrétaire perpétuelle der Académie française.

Stell dir vor, es ist Krieg und eine geht hin – die Kreil-Entscheidung

Tanja Kreil

1996 entschied sich die 22-jährige Tanja Kreil, zur Bundeswehr zu gehen. Die Hannoveranerin, 1,57 Meter groß und blond, hatte gerade ihre Ausbildung als Energieanlagenelektronikerin abgeschlossen und fürchtete, dass sie anschließend arbeitslos sein würde: »Ein Job bei der Bundeswehr galt als qualifizierter und sicherer Arbeitsplatz. Es ging einfach um meine Zukunft.« Also bewarb sie sich beim Bund um eine Stelle als Waffenelektronikerin. Doch ihr Ersuchen wurde mit dem Hinweis auf Artikel 12a Abs. 4 des Grundgesetzes, nach dem Frauen keinen Dienst an der Waffe leisten durften, abgelehnt. 1999 versuchte sie es noch einmal: auf dem Rechtsweg. Tanja Kreil zog mit ihrem Ansinnen vor den Europäischen Gerichtshof in Luxemburg. Es war das erste Mal, dass hier eine Klage auf Zulassung zum Wehrdienst in der Bundeswehr verhandelt wurde.

Dabei war das Thema »Frauen bei der Bundeswehr« längst Teil der öffentlichen Diskussion. Die Frauenrechtlerin Alice Schwarzer, obgleich bekennende Pazifistin, hatte bereits Mitte der 1970er-Jahre die Öffnung der Bundeswehr für Frauen gefordert. Zwar gab es im Sanitäts- und Militärmusikdienst seit Längerem Frauen. Aber schon mit der weiblichen Dienstgradbezeichnung tat sich die Truppe schwer. Man blieb bei der männlichen Form und setzte in Klammern ein w für »weiblich« dahinter.

Die Energieanlagenelektronikerin Tanja Kreil klagte den »Dienst an der Waffe« für Frauen vor dem Europäischen Gerichtshof in Luxemburg ein, 1999.

1976 trat Verena Merethe von Weymarn in den Sanitätsdienst der Bundeswehr ein; die Stabsärztin wurde 1994 zum ersten General (w) in der Geschichte Deutschlands ernannt. Der Dienst an der Waffe allerdings galt als der »Natur der Frau« nicht gemäß. Als Tanja Kreil klagte, waren in vielen Staaten der Welt Frauen dabei, sich in die Streitkräfte einzureihen. Die rechtlichen Voraussetzungen dafür existierten. Die rückständige deutsche »Natur der Frau«-Regelung hingegen kam einem generellen Berufsverbot für den weiblichen Teil der Gesellschaft gleich. Der andere Teil wiederum, die Männer, waren zum Dienst verpflichtet.

Womöglich könnte gar die Schlagkraft der Truppe leiden, wenn männliche Soldaten sich verpflichtet fühlten, ihre »Kameraden (w)« zu beschützen.

Seit Jahren war der Bundeswehrverband, Interessenvertreter der Soldaten, auf der Suche nach einer klagewilligen Frau, um endlich auch dem anderen Geschlecht den Eintritt in die Streitkräfte zu ermöglichen. »Die haben mich vorgewarnt, dass es nicht einfach werden würde. Okay, kein Problem. Ich mache das nicht nur für mich, sondern auch für viele andere Frauen«, so Kreil. Ihr Argument: Es entspricht nicht dem Gleichstellungsgrundsatz und ist daher rechtswidrig, einem Teil der Bevölkerung aus geschlechtsspezifischen Gründen den Zugang zur Armee zu verwehren. Sie klagte darauf, in der Panzerwartung angestellt zu werden; diese Funktion schließt aber notwendig den Dienst an der Waffe ein. Darauf war Tanja Kreil gar nicht unbedingt aus, doch wenn der Umgang mit der Waffe nun mal zum Berufsbild gehörte, habe sie nichts dagegen. »Es ist mir doch lieber, ich habe ein Gewehr in der Hand, als im Notfall blöd dazustehen«, sagte sie selber flapsig dazu. Die Bundesrepublik Deutschland als Beklagte setzte dagegen, Frauen müssten doch im Fronteinsatz vor dem Feind beschützt werden. »Unsere Auffassung von der Natur und Bestimmung der Frau verbietet einen Dienst mit der Waffe.« Womöglich könnte gar die Schlagkraft der Truppe leiden, wenn männliche Soldaten sich verpflichtet fühlten, ihre »Kameraden (w)« zu beschützen. Kreils knapper Kommentar: »Schnickschnack. Es ist eine bekannte militärische Strategie, dass die Unbewaffneten zuerst umgebracht werden. Die Sanitäter gehen doch als Erste drauf.«

Am 11. Januar 2000 war es dann so weit. Der Europäische Gerichtshof entschied, dass nun auch Frauen Dienst an der Waffe leisten dürften. Die sogenannte Kreil-Entscheidung war eine Zäsur in der Geschichte des Militärs, verbunden mit viel Unsicherheit und manchen Veränderungen. Sie bildete das rechtliche Fundament, Frauen den aktiven Dienst bei der Truppe zu ermöglichen. Die Bundeswehr war auf diese Entscheidung nicht vorbereitet. Zu Beginn wurde einfach so getan, als gäbe es keinen Unterschied zwischen den Geschlechtern. Eine Soldatin der ersten Stunde: »Das merkt man daran, dass Frauen sportlich das Gleiche leisten sollen wie Männer. Da zeigt sich doch, dass die Entscheidungsträger bei der Bundeswehr anatomisch keine Ahnung und noch nie was von Gebärmuttersenkung gehört haben.« Es existierten weder Schlaf- noch Sanitärräume für Frauen, ihre Uniformen mussten erst noch entworfen und geschneidert werden. Viele Jahre lang gab es nicht einmal einen Gynäkologen bei der Truppe. Dabei hat die Institution Bundeswehr einen beträchtlichen Bedarf an Frauen. Schon allein aufgrund des demografischen Wandels muss die Angebotslücke geschlossen werden, große Nachfrage besteht an wehrtauglichen und wehrwilligen Soldaten. Die Bundeswehr wandelt sich von einer Armee der Wehrpflichtigen hin zu einer Berufsarmee, damit einher geht ein verändertes Selbstverständnis der Streitkräfte. Soldaten müssen in Zukunft nicht nur schießen, sondern auch kommunizieren können, friedenssichernde Maßnahmen gehören dazu. Soziale Kompetenzen wie Einfühlungsvermögen oder die Bereitschaft, sich auf Fremde einzulassen, gewinnen an Bedeutung. Aufgrund der kulturellen Gegebenheiten vor Ort ist es in Krisengebieten oft nur Soldatinnen möglich, sich mit dem weiblichen Teil der Bevölkerung zu verständigen. Frauen gehören ganz klar zur »nachwuchspolitischen Zielgruppe«, wie das Sozialwissenschaftliche Institut der Bundeswehr feststellt.

Wer sind nun neben Tanja Kreil jene Frauen, die bei den Streitkräften aktiv werden wollen? In einer Studie sortiert das Sozialwissenschaftliche Institut der Bundeswehr die weiblichen Beweggründe zum Eintritt in die

Armee. An erster Stelle stehen die Einflüsse des persönlichen Umfelds. Viele der Frauen beim Bund haben Väter und Großväter zum Vorbild, die ebenfalls beim Militär waren – ob nun bei der NVA, der Bundeswehr oder der Wehrmacht. Eine Uniform zu tragen, macht nicht wenige Frauen stolz. Der emanzipatorische Aspekt spielt ebenfalls eine tragende Rolle, viele wollen sich in einer der letzten Männerbastionen behaupten. Weitere wichtige Gründe, den Arbeitgeber Bundeswehr zu wählen, sind wirtschaftliche und berufliche Überlegungen; etwa die Möglichkeit, ein Studium abzuschließen, oder die Planungssicherheit eines festen Arbeitsplatzes. Viele Soldatinnen befürworten der Studie zufolge Tugenden wie Disziplin, Ein- und Unterordnung, Befehl und Gehorsam, Zucht und Ordnung, Benehmen, Stil und Form. Den meisten Soldatinnen sind Pflichtbewusstsein, Kameradschaft, Mut, Opferbereitschaft und Loyalität wichtig. Und viele wollen nach eigener Aussage ihre Vaterlandspflicht erfüllen. Dass auch Mutterpflichten auf sie zukommen könnten, ist vielen gar nicht bewusst. Auch die Bundeswehr war auf derartige weibliche Umstände nicht eingestellt. Ein Oberleutnant (w) beschreibt es so: »Als ich mich schwanger meldete, wurde das behandelt wie eine Truppenuntersuchung, da wollte

Rekrutinnen formieren sich zum Marsch. Sie gehören zu den ersten 244 Frauen, die sich freiwillig zum Dienst an der Waffe gemeldet haben, 2001.

man mich zum Sehtest schicken, und ich habe gesagt, ich bin doch nicht blind, ich erwarte ein Kind.« Mutterschaft schützt allerdings nicht vor der Entsendung in Kriegsgebiete – so regelt eine Dienstvorschrift: »Der Status ›Mutter‹ sowie das Alter der Kinder stellen grundsätzlich kein Ausschlusskriterium für einen ›Auslandseinsatz‹ dar. Soldaten mit Kindern werden grundsätzlich bei den Planungen für Einsatzgestellungen mit berücksichtigt.« Die meisten Rekrutinnen sind etwa 18 Jahre alt, wenn sie ihren Dienst antreten; Kinder zu bekommen steht da laut Umfrage für die meisten noch nicht ernsthaft zur Diskussion.

Mittlerweile beträgt der Anteil der Berufs- und Zeitsoldatinnen im Dienst der Bundeswehr etwa zehn Prozent, auf lange Sicht werden 15 Prozent angepeilt. Die Soldatinnen der ersten Stunde nehmen mittlerweile Führungsverantwortung als Kompaniechef (w) oder Kompaniefeldwebel (w) wahr. Der Umgangston hat sich geändert, sowohl innerhalb der Bundeswehr – hier ist er umgänglicher geworden – als auch bei den Frauen selbst. Die Lebensgefährten der Soldatinnen berichten des Öfteren, dass ihre Frauen selbstbewusster und bestimmter im Ton geworden sind. Frauen erheben ihre Stimme – ob nun beim Bund oder zu Hause.

Tanja Kreil hat das verschlossene Tor weit geöffnet und den ersten Schritt in Richtung Bundeswehr getan. Ein kleiner Schritt für eine Frau, ein großer Sprung für die weibliche Hälfte der deutschen Bevölkerung. Kreil hat das Tor stellvertretend für alle Frauen aufgestoßen, die nach ihr kommen werden. Dann aber ist sie nicht weitergegangen, sondern stiekum umgekehrt – sie fand Arbeit in der privaten Wirtschaft. Tanja Kreil arbeitete nicht einen Tag bei der Bundeswehr.

Soziale Kompetenzen wie Einfühlungsvermögen oder die Bereitschaft, sich auf Fremde einzulassen, gewinnen an Bedeutung.

600 Flaschen Sherry

Carol Ann Duffy

Auch zu Zeiten, in denen weibliches Kunstschaffen nicht erwartet wurde und keine Unterstützung fand, gab es schon bedeutende Lyrikerinnen. Sie schrieben Gedichte und versuchten, sich gegen die Zeitauffassung und andere Hemmnisse durchzusetzen. Sappho von Lesbos, Lehrerin an einer Mädchenschule im 7. Jahrhundert v. Chr., ist heute noch in aller Munde, obwohl von ihrem einstmals gepriesenen lyrischen Schaffen nur Bruchstücke erhalten sind. Seit der Erfindung des Buchdrucks haben immer wieder auch Frauen dichterische Werke herausgebracht, in der Neuzeit stößt man auf viele weibliche Namen – wie auch auf Häme und Ablehnung seitens männlicher Verwalter des poetischen Kanons. So reimte gegen Ende des 19. Jahrhunderts ein Freund der Frauen und Verächter ihrer Dichtkunst: »All eure poetischen Siebensachen, ich schätze sie nicht ein Pfifferlein. Nicht sollen Frauen Gedichte machen, sie sollen versuchen, Gedichte zu sein.« Woraus zweierlei erhellt: Es gab vor gut hundert Jahren bereits so viele Dichterinnen, dass sich ein Oskar Blumenthal, wie der Verfasser des obigen Spottverses hieß, darüber aufregen konnte. Und es gab zugleich das bleiern wiegende Vorurteil: Frauen seien nicht imstande, gute Lyrik zu verfassen.

Blumenthal repräsentierte mit seiner Meinung wahrscheinlich die Mehrheit seiner Zeitgenossen. Aber er und alle, die ihm zustimmten, waren Ignoranten. Sappho hatte ihre Nachfolgerinnen gefunden. Und

---

Carol Ann Duffy, die erste britische Hofdichterin, 2009.

am Ende des 19. Jahrhunderts gab es schon eine Reihe hochberühmter Dichterinnen, deren Namen die Kenner mit Ehrfurcht nannten. Zu ihnen gehörten Lady Anne Barnard, geboren 1750, sie war auch Malerin, Mary Robinson, geboren 1757, genannt die englische Sappho, Elizabeth Barrett-Browning, geboren 1806, weltberühmt für ihre Sonette, und Christina Rossetti, geboren 1830, eine tiefreligiöse Poetin. Im selben Jahr kam in Amerika Emily Dickinson zur Welt, die zu den berühmtesten lyrischen Talenten überhaupt zählt, ob nun männlich oder weiblich. Alle Genannten waren originell und wahrhaftig, ihre poetischen Werke überdauerten die Zeit ihrer Entstehung. Sie zeugen davon, dass Frauen sich aufs Dichten verstehen – denn mit dem Versemachen einfach fortzufahren, auch in Zeiten, die Frauen nicht nur nicht dazu ermutigen, sondern sie davon abzuhalten versuchen, das beweist Leidenschaft für die Dichtkunst ebenso wie Selbstvertrauen und Leistungsfähigkeit.

Im Gegensatz zum Hofnarren, der den König bloßstellen durfte, sollte der Hofdichter die Taten der Majestät in den höchsten Tönen preisen.

Insofern könnte man es erstaunlich finden, dass der Posten des Hofpoeten bei der britischen Krone bis zum Jahre 2009 niemals an eine Frau vergeben wurde. Zwar hatte man über Christina Rossetti ernsthaft nachgedacht, aber sie wurde es dann doch nicht. Wenn man die große Rolle der Tradition im Vereinigten Königreich bedenkt und berücksichtigt, dass die Position des *Poet Laureate* am englischen Königshof schon im Jahre 1668 eingerichtet wurde, so verwundert es kaum, dass eine Frau in diesem Amt fehlte. Frauen waren im 17. Jahrhundert als öffentliche Funktionsträgerinnen nur ausnahmsweise zugelassen, und eine Tätigkeit, die so starke nationale Aufmerksamkeit auf sich zog wie die des Hofdichters, konnte einer Frau daher nur schwerlich anvertraut werden.

Was waren nun die Obliegenheiten des englischen Hofpoeten? Im Gegensatz zum Hofnarren, der den König bloßstellen durfte, sollte der Hofdichter die Taten der Majestät in den höchsten Tönen preisen. Er

meldete sich zu den Geburtstagen der Royals, zu Verlobungen, Hochzeiten und Begräbnissen mit passenden Gesängen. Wie auch heute wünschte sich die Regierung des Landes eine positive mediale Begleitung. Als im 17. Jahrhundert das Amt geschaffen wurde, war das Volk des Lesens und Schreibens noch nicht kundig und die Demokratie nicht viel mehr als eine Reminiszenz aus der Antike. Die Werke des Hofdichters also waren nicht für die Bevölkerung, sie waren für die europäische Aristokratie und für die Nachwelt bestimmt. Ganz wie der Hofmaler den Herrscher in prächtiger Toilette und imperialer Haltung für alle Zukunft verewigen sollte, hatte der Hofpoet seine Preislieder auf das Leben und Walten des Monarchen zu verfassen. Insbesondere Feldzüge sollten glorifiziert, die Rolle des Königs und seiner Generäle als hochlöblich herausgestellt werden.

Die Dichter am Thron, zu denen John Dryden, geboren 1631, William Wordsworth, geboren 1770, Alfred Tennyson, geboren 1809, und Ted Hughes, geboren 1930, gehörten, taten ihr Bestes. Wer fürchtete, dem Amt nicht gewachsen zu sein, respektive sich seine dichterische Freiheit bewahren wollte, lehnte ab wie Sir Walter Scott, geboren 1771. Ted Hughes,

Carol Ann Duffy wird von der Queen empfangen, 2009.

Ehemann der amerikanischen Dichterin Sylvia Plath, war der letzte *Poet Laureate,* der noch auf Lebenszeit berufen wurde. Danach wurde das Amt auf zehn Jahre befristet. Entlohnt werden die Dichter seit eh und je bescheiden, heute sind es etwa 5 800 Pfund im Jahr. Hinzu kommen allerdings 600 Flaschen besten Sherrys – für die Inspiration.

Im 20. und 21. Jahrhundert wandelte sich die Rolle des Hofpoeten von Grund auf. Im Zeitalter der Massenpresse, einer lesekundigen Bevölkerung und demokratischer Prinzipien, die Kritik auch am Herrscherhaus erlauben, konnten die Hofdichter Seine und Ihre Majestät nicht mehr nur bejubeln, sie mussten gewisse Untertöne mitschwingen lassen. Der *Poet Laureate,* einerseits als Relikt von anno dazumal verspottet, andererseits als Eigentümlichkeit der geliebten monarchischen Tradition respektiert, durfte Elemente aus der Tätigkeit des Hofnarren in seine Funktion aufnehmen: Die königliche Familie hatte er in Ehren zu halten, Lobhudelei jedoch durch Valeurs wie Ironie oder milden Spott zu ersetzen. Andrew Motion, der auf Hughes im Jahre 1999 folgte, probierte den Spagat. Er wollte als »Patriot und Royalist«, wie er sich selber nannte, seiner Position gerecht werden, dabei aber auch als ein moderner Poet vor der eigenen Zunft bestehen können. Irgendwie gelang ihm das. Zu Prinz Williams 21. Geburtstag dichtete er im Rap-Stil. Das britische Engagement im Irak-Krieg kommentierte er in kritischen Versen. Der Hof ließ ihn gewähren. Als er ausschied, gab er zu Protokoll, das Amt sei »unglaublich schwierig und undankbar«.

Vor seiner Berufung war noch eine Kandidatin im Gespräch gewesen: die schottische Lyrikerin Carol Ann Duffy, geboren 1955 in Glasgow. Sie war berühmt und preisgekrönt, ihre Gedichte wurden als »popular and profound«, als volkstümlich und tiefgründig, gelobt. Duffy war Mutter, lebte mit einer Freundin offen lesbisch zusammen und lehrte an der Universität Manchester Lyrik. Sie wäre sehr gerne Hofpoetin geworden. Als man Motion ihr vorgezogen hatte, wird sie gedacht haben: Na klar. Die Tradition verlangt einen Mann … Aber als 2009 Motions Nachfolge zur Debatte stand, schlug dann doch ihre Stunde. Sie war die erste Frau, der die Queen persönlich für ihre Berufung zur *Poet Laureate* per Handschlag gratulierte. Über die Dichtkunst sagte Duffy: »Poesie ist vor allem eine

Abfolge intensiver Momente, ihre Kraft liegt nicht in der Erzählung. Ich habe es nicht mit Fakten zu tun, sondern mit Gefühlen.« Jetzt muss sie versuchen, dieses Berufsethos mit den Pflichten einer Hofdichterin zu vereinbaren. Sie wird es nicht leicht haben, aber das stört sie nicht. Sie liebt Herausforderungen.

»Poesie ist vor allem eine Abfolge intensiver Momente, ihre Kraft liegt nicht in der Erzählung. Ich habe es nicht mit Fakten zu tun, sondern mit Gefühlen.«

CAROL ANN DUFFY

Warum aber nimmt eine mitten im Leben stehende, erfolgreiche Hochschullehrerin einen solch verstaubten Posten an, auf dem vor ihr schon so manche Dichter geseufzt haben, wie »schwierig und undankbar« er doch sei? Zwei weitere Kandidatinnen neben Duffy haben denn auch schon dankend abgelehnt. Duffy hat sich zu dieser Frage so geäußert: Sie tue es für die Frauen. Weil es bisher nur Männer waren, die diesen Posten besetzt hatten, und weil es nun anders werden solle. Weil sie es für die Gleichheit tun müsse. Und um jetzt die Chance zu haben, öffentlich darauf hinzuweisen, dass es vor ihr schon so manche Dichterin gegeben habe, die es verdient hätte, Hofpoetin zu sein. Dabei hat sie wohl an Barnard gedacht, an Robinson, Barrett-Browning und Rossetti. Über die Größe dieser Frauen zu sprechen, an die Bedeutung ihrer Werke zu erinnern, das hätte auch eine Professorin der Universität Manchester vermocht. Eine Hofpoetin aber, die quasi neben dem Thron sitzt, tut es mit einer ganz anderen Autorität. Doch ihre Anstellung ermöglicht nicht nur einen Blick in die Vergangenheit, auch für die Zukunft eröffnet sie neue Perspektiven. Die Direktorin der Poetry Society, Judith Palmer, kommentierte den ersten weiblichen Namen auf der langen Liste der Hofdichter so: »Sie hat den Weg geebnet für eine ganze Generation von Lyrikerinnen, die nach ihr kommen.« Diese Frauen müssen nicht alle in das Amt des *Poet Laureate* streben. Aber zu wissen, dass es eine Frau gibt, die es errungen hat, wird sie noch mehr inspirieren als 600 Flaschen Sherry.

»Testa dura«

Giorgia Boscolo

Die Gondel: Im Jahr 1094 wurden die flachen Boote erstmals in der Stadtchronik Venedigs erwähnt. In Europa ist die Gondel damit der einzige Bootstyp, dessen Entwicklung über ein Millennium hinweg dokumentiert worden ist. Gondeln dürfen bis zu elf Meter lang und 1,5 Meter breit sein, die Enden sind typischerweise aufgebogen. Gondeln sind immer weiblich, sie tragen stets den Namen der Mutter oder der Tochter des Eigners. Der Fero, der schwere Metallbeschlag am Bug, der sich nach oben hin zu einem Horn formt und an die Kopfbedeckung des Dogen gemahnt, war einmal als Gegengewicht zum Gondoliere gedacht, heute ist er ein typisches Erkennungszeichen. Seine sechs Zacken symbolisieren die Stadtteile Venedigs.

Eine Gondel ist krumm, so gleitet sie seitwärts geradeaus. Ihre Bauart ist asymmetrisch, damit sie sich leicht nach rechts kippen kann – denn dort befindet sich das Ruder. Links steht der Gondoliere, der so mit geringem Druck sein eigenes Gewicht ausgleichen und das Boot leicht steuern kann. Das Fahrzeug ist inklusive Gondoliere also leicht nach rechts geneigt, damit die auf den Bänken sitzenden Passagiere ein Gegengewicht bilden und die Gondel annähernd waagerecht schwimmt. Einst wurden Gondeln von zwei Gondolieri gerudert, auf alten Illustrationen sieht man jedoch bereits vereinzelt welche mit nur einem Bootsführer. Gondeln eignen sich wegen ihres flachen Kiels besonders für seichte Gewässer. Bereits im

---

Giorgia Boscolo, geboren 1986, ist die erste Gondelführerin in Venedig.

16. Jahrhundert gondelten mehr als zehntausend Boote durch die Lagune. Einheitliche Bauformen existierten über die Jahrhunderte nicht, und es gab Gondeln in allen Farben. Wie heute Autos waren sie Statussymbole. Venedigs Oberschicht überbot sich beim Bau der Boote in Bezug auf Größe, Ausstattung, Pomp und Pracht. Seit 1472 gibt es Verwaltungsbeamte, die der Verschwendung Einhalt gebieten sollen (»Provveditori alle Pompe«). Sie veranlassten neunzig Jahre später streng einheitliche Maße und bestimmten vor allem, dass Gondeln unterschiedslos schwarz sein mussten. Es gibt allerdings verschiedene Typen. Neben dem kleinen Gondolino und dem großen Gondolon sind in Venedig noch die Balotina (eine Form, die ehemals als Polizeiboot diente) und die Mussin unterwegs, eine Gondel ohne nach vorn geneigten Bug.

Über tausend Jahre lang war diese Welt der Gondeln und der Gondolieri eine Männerwelt. Die Technik des Navigierens, die Vorschriften des Gondelbaus, die Innung, die Tradition – das alles war in Männerhand. Niemand konnte und wollte sich vorstellen, dass diese ganz besondere Verkehrsform auf dem Wasser von jemand anderem als den großen schwarz gekleideten männlichen Bootsführern mit ihren runden Hüten betrieben würde. Auch Dante Boscolo, ein kräftiger, breitschultriger, traditionsbewusster Gondoliere, dachte so. Gerne hätte er einen Sohn als Nachfolger gesehen. Aber er hat vier Töchter.

»Ich habe Gondeln immer geliebt und, anders als meine drei Schwestern, bin lieber mit meinem Vater rudern gegangen, als mit meinen Freunden auszugehen.«

GIORGIA BOSCOLO

Eine davon ist Giorgia. Bereits als Kind wollte sie, so wie der Vater es vormachte, eine elegante Gondel durch die engen Wasserwege Venedigs navigieren. »Ich habe Gondeln immer geliebt und, anders als meine drei Schwestern, bin lieber mit meinem Vater rudern gegangen, als mit meinen Freunden auszugehen. Eine Gondel zu führen, war mein sehnlichster Wunsch, seit ich ganz klein war.« Ihre Mutter sagte 2009 auf dem Toten-

bett zu Giorgia: »Lebe deinen Traum. Wenn eine es schafft, dann du.« Im Jahr 2010 war es dann so weit. Die 24-jährige Giorgia Boscolo erhielt nach eingehender Prüfung die Erlaubnis, in der Lagunenstadt Passanten übers Wasser zu befördern. Als erste Frau nach fast tausend Jahren.

Vater Dante wusste lange nicht, wie er das finden sollte. Einerseits war er stolz, weil seine Tochter die Familientradition fortsetzt. Aber wenn er ehrlich sein soll, »ist Gondelfahren nichts für Frauen. Zu wenig Muskeln, zu anfällig bei Wind und Wetter. Der Beruf des Gondoliere ist für eine Frau ungeeignet.« Giorgia, verheiratet und Mutter von zwei Kindern, wehrt ab: »Die Geburt eines Kindes ist viel schwieriger.«

Gleichwohl: Dantes Bauchschmerzen sind begründet. Er fürchtet bei weiblichen Gondelführern nicht nur die mangelhafte Muskulatur, sondern schlicht die Konkurrenz. Der Beruf eines Gondoliere ist in Venedig zünftig organisiert, das heißt, Väter vererben seit Generationen ihr Wissen und ihre Lizenz zum Gondeln an die Söhne, nicht an die Töchter. Erst 2006 wurde eine staatliche Prüfung für eine Lizenzerteilung vorausgesetzt. Die

---

Boscolo befördert im Bug einer Traghetto-Gondel Passagiere auf dem Canal Grande, 2009.

Zahl der Lizenzen ist limitiert, eine Zulassung kann nur vergeben werden, wenn ein Gondoliere pensioniert wird oder er seine Lizenz vorzeitig abgibt. Zünfte sind geschlossene Gesellschaften, das ist ja ihr Zweck. Zum Vorteil gereicht den Mitgliedern, dass so die Qualität gesichert wird, denn die heiklen Manöver in den engen Kanälen verlangen Können und Erfahrung – die Ausbildung dauert 18 Monate. Der Nachteil: Die unsichtbare Hand der Marktgesetze, die über Angebot und Nachfrage segensreich wirken soll, wird durch den Zunftzwang außer Kraft gesetzt. So bleiben die Preise oben und die Konkurrenz draußen. Doch nun kommen plötzlich die Frauen!

»Ich habe doch nur etwas Normales gemacht.«

GIORGIA BOSCOLO

Die Bootsführer der Lagune sind in der Berufsvereinigung »Ente Gondola« organisiert, die heute knapp 400 Mitglieder zählt. Giorgia Boscolo trägt wie ihre Kollegen die vorgeschriebene Uniform: schwarze Hose und Schuhe, Strohhut und ein blau- oder rot-weiß gestreiftes Matrosenhemd. Sie hat es auch aufgrund ihrer Herkunft geschafft. Ihr Vater ist fest verankert in der Innung, sein Name half der Tochter. Doch auch wegen ihres »testa dura«, ihres Dickkopfs, ist die Blondine so weit gekommen. Nicht mal der eigene Vater konnte sie entmutigen. Ein Mentor Giorgias war der Präsident des Gondolieri-Verbands, Aldo Rosso: »Ich bin glücklich wegen Giorgia und auch für mich selbst. Denn diese außerordentliche Tatsache einer ersten offiziellen Gondoliera hat unter meiner Ägide begonnen.« Wohlmeinende Männer, die ja meist noch diejenigen sind, die am Ruder sitzen, erweisen sich immer wieder als hilfreich.

Interessanterweise gibt es bei den Gondolieri viele Redewendungen für einen schlechten Fahrstil. »Vogar sul remo« meint ein zu enges Nebeneinanderherfahren, sodass die Ruder zusammenstoßen. »Bandariòla« sind schlingernde Gondelbewegungen, die einen unerfahrenen Bootsführer erkennen lassen. »Cascar in fórcola« ist ein tadelnswerter Stil, da sich der Gondoliere während der Vorwärtsbewegung mit dem Oberkörper zur Rudergabel wendet. Beim »Cascar sui brazzi o a spalla« muss sich der Ruderer sehr anstrengen, da er den Bug nicht parallel zur Fahrtrichtung ausrichtet – nicht sehr elegant. All diese Fehler erwartet man von bootsführenden Frauen. Aldo Rosso denkt anders. Inzwischen wohl auch Dante Boscolo, einfach aus väterlicher Liebe.

War Giorgia wirklich die erste Gondoliera? In Hamburg gibt es eine Bootsbauerin, Ina Mierig, die seit 1999 mit einer in Venedig gefertigten Gondel auf der Alster ihre Dienste anbietet. In Venedig hat sie auch die Qualifikation zum Führen einer Gondel erworben und ist damit Deutschlands einzige Gondelführerin. Die Deutsche Alexandra Hai versuchte schon vor Giorgia Boscolo, eine Lizenz zum Gondeln zu erwerben. Fünf Mal strengte sie sich an, um die Prüfung zu bestehen, doch jedes Mal fiel sie durch. Wahrscheinlich waren es neben dem Frausein diese beiden Hindernisse, die ihr im Wege standen: Erstens ist sie keine Venezianerin und zweitens Akademikerin. So jemanden haben die Gondolieri nicht so gern in ihrer Mitte. Gleichwohl hat Hai mit ihrem Kampf erreicht, dass in der Prüfungskommission erstmals eine Frau saß, eine mehrmalige Meisterin der »Regata storica«. So gesehen hat Alexandra Hai Giorgia Boscolo den Weg geebnet. Wichtig zu wissen: Zur Führung einer privaten Gondel ist keine Lizenz nötig. Diesen Umstand hat sich Hai zunutze gemacht. Heute gondelt sie ausschließlich für eine Hotelkette, Gondoliera darf sie sich jedoch nicht nennen. Franco Martini, Hais Arbeitgeber, steht zu ihr und konstatiert: »Das ist eine Prinzipienfrage. Die Gondolieri waren wirklich nicht geizig mit Beleidigungen und unappetitlichen Gesten.«

Giorgia Boscolo hat ihren Erfolg somit nicht nur der richtigen Herkunft, ihrem Mentor und ihrer Hartnäckigkeit zu verdanken, sondern auch ihren Konkurrentinnen. »Ich habe doch nur etwas Normales gemacht«, sagt sie selbst. »Gut, Gondoliera zu werden, war mein Traum. Aber wir leben im Jahr 2010, eine Diskriminierung von Frauen in der Arbeitswelt gibt es doch schon lange nicht mehr, oder? Mir tut es nur leid für das andere Mädchen, das nicht bestanden hat.«

Krisenzeichen im Westen

Margot Käßmann

Besetzen Frauen Spitzenposten, werden manche Männer nervös. Insbesondere konservative Herren, die es gewohnt sind, nur mit ihresgleichen zu verkehren, haben Schwierigkeiten, sich als Gegenüber eine Frau vorzustellen. Der Priester Priluzki, seines Zeichens Chefsekretär der Evangelischlutherischen Kirche in Russland, sah in dem, was da mit dem Rat der Evangelischen Kirche in Deutschland (EKD) passiert war, gar ein Menetekel, ein »Krisenzeichen in der westlichen Gesellschaft«. Seit mehr als fünfzig Jahren standen die deutschen Lutheraner mit ihren russischen Kollegen und der orthodoxen Kirche im regen Austausch. Dass der Dialog im Jahre 2009 einseitig von den Orthodoxen beendet wurde, unter Beifall der russischen Lutheraner, hat dann doch überrascht. »Der Patriarch darf nicht mit der neuen Führung der EKD in Deutschland verkehren«, hieß es. Was war geschehen?

Margot Käßmann ist 2009 als erste Frau zur Ratsvorsitzenden der EKD gewählt worden – in das höchste Amt, das die deutschen Lutheraner zu vergeben haben. Und der russisch-orthodoxe Klerus erlaubt keine Frau in einem so hohen Amt. Zuvor hatte Käßmann bereits andere Füh-

---

Margot Käßmann, Bischöfin
der Evangelisch-lutherischen Landeskirche Hannover, während einer
Bibelstunde beim 30. Evangelischen Kirchentag, 2005.

rungsaufgaben innerhalb der lutherischen Kirche übernommen, etwa als Generalsekretärin des Deutschen Evangelischen Kirchentages oder als Präsidentin der Zentralstelle für Recht und Schutz der Kriegsdienstverweigerer aus Gewissensgründen. Mit zwei anderen Frauen gehörte sie zu den ersten lutherischen Bischöfinnen Deutschlands. Maria Jepsen wurde 1992 in Hamburg, Margot Käßmann 1999 in Hannover und Bärbel Wartenberg-Potter 2001 in Holstein-Lübeck berufen. Auch hier regte sich Widerstand, die Medien vermuteten eine »feministische Machtübernahme in der nördlichsten deutschen Landeskirche«.

»Ich sehe, wie viele Menschen das Leben so viel mehr Kraft kostet als mich, weil es schwer ist, aufzustehen, sich anzuziehen, sich zu bewegen. Aber ich habe von solchen Menschen gelernt, dass das Leben wertvoll ist, jeder Tag! Dass es wunderschön sein kann, eine Wolke zu beobachten oder einfach nur atmen zu können. Wer die Welt so ansieht, so lebenswert, dem erscheint wohl jeder Mensch liebenswert.« Käßmanns leichtfüßiges öffentliches Auftreten steht im augenfälligen Kontrast zur Schwere ihrer zentralen Themen Krieg, Gewalt gegen Frauen oder Kinderarmut. Berühmt wurde sie durch ihr Urteil über den jüngsten militärischen Einsatz der Bundeswehr, »Nichts ist gut in Afghanistan«, das ihr neben viel Kritik ebenso viel Respekt einbrachte. Christliche Werte kommen ihr in Politik und Gesellschaft, aber auch in der Kirchenarbeit oft zu kurz. Kirchen sollen spirituelle Orte der Begegnung sein und nicht nur unverbindliche Gemeindezentren. »Wir haben im Konfirmandenunterricht in unseren Gemeinden mehr über Drogen und Sekten geredet als über die Bibel.« Für die Medien findet sie griffige Formulierungen, etwa wenn es gegen eine überbordende Konsumkultur geht, ob nun zu Weihnachten oder dem Tag vor Allerheiligen, der Halloween und Reformationstag zugleich ist. Der 31. Oktober sei ein Feiertag, findet sie, und es müsse daher heißen: »Hallo Luther statt Halloween«.

Käßmann ist eine heitere Frau, die mit ihrer Energie auch Unternehmerin sein könnte. Sie strahlt Lebensfreude aus und verbleibt dabei in einer angenehm präsenten Körperspannung – so wie es eigentlich zum Tanz gehört. Die Theologin ist gut gekleidet, in einer Bank oder einem noblen Hotel fiele sie nicht weiter auf, im protestantisch-kirchlichen Rahmen dagegen schon. Ihr Kopf schließlich hat sie dahin gebracht, wo sie heute steht. Der Weg zum Glauben bot sich in dem christlich geprägten Elternhaus an. »Ich war in der zwölften Klasse und hatte beschlossen, nach dem Abitur Theologie zu studieren. Meine Mitschülerinnen haben mich damit auf die Schippe genommen; an Gott zu glauben, galt Mitte der 1970er-Jahre als ziemlich lächerlich.«

»Ich war in der zwölften Klasse und hatte beschlossen, nach dem Abitur Theologie zu studieren. Meine Mitschülerinnen haben mich damit auf die Schippe genommen.«

MARGOT KÄSSMANN

Mit 25 Jahren wird Käßmann im kanadischen Vancouver als bislang jüngstes Mitglied bei der Vollversammlung des Ökumenischen Rats der Kirchen in den Zentralausschuss gewählt. Dem Weltkirchenrat gehören etwa 350 Mitgliedskirchen in mehr als 120 Ländern an, eine Organisation mit Einfluss. Zwei Jahre zuvor hatte sie einen Pfarrer geheiratet, zwei Jahre nach ihrer Wahl wird sie ebenfalls ordiniert. Im Jahr des Mauerfalls promoviert sie mit einer Arbeit über »Armut und Reichtum als Anfrage an die Einheit der Kirche«. Während dieser Jahre wächst die Familie um vier Töchter, die alle alttestamentarische Namen tragen: Hannah, Esther, Sarah und Lea. Zu Beginn der 1990er-Jahre übernimmt Käßmann als Beauftragte für den Kirchlichen Entwicklungsdienst mehrere Lehraufträge, in ihrer Funktion als Generalsekretärin gestaltet und organisiert sie die Kirchentage in Leipzig und Stuttgart. Im Alter von 41 Jahren wird Käßmann dann als bislang jüngste Frau zur Bischöfin geweiht. Einmal mehr fällt auch ihr die Vorstellung schwer, ja es kommt ihr »seltsam und komisch vor«, ein solches Amt auszuüben. Aber sie trägt die Last des Amtes auch wieder gern und zitiert dabei oft ihre Großmutter: »Wem der liebe Gott ein Amt gibt, dem gibt er auch die Kraft, es auszuüben.«

Über eine Dekade hinweg bleibt sie Bischöfin der Evangelisch-lutherischen Landeskirche Hannover. In einer Zeit der Kirchenaustritte strömen immer mehr Menschen zu ihren Predigten. Sie erreicht die Gemeinde mit ihren klaren Worten, ihrer Begeisterung und Schlagfertigkeit, aber vor allem durch ihre Glaubwürdigkeit. Und Käßmann ist mutig. Oft mischt sie sich in öffentliche Debatten ein, etwa wenn es um Bildungs- und Sozial- oder Friedenspolitik geht, und bezieht dann eindeutig Stellung. Auch zu Fragen der Emanzipation der Frau in der Gesellschaft und in der Kirche meldet sie sich zu Wort. Sie konstatiert, dass schon während der christlichen Erneuerungsbewegung zwischen 1517 und 1648 Frauen eine bedeutende Rolle gespielt haben, doch auch hier wurden, wie so oft, »die Männer gesehen, gehört, gelesen, aber ohne die Frauen im Hintergrund könnten sie gar nicht agieren«. Dabei sind gerade die Kirchen darauf angewiesen, dass Frauen sie stützen und den Glauben an die nächste Generation weitergeben. Dennoch habe es Jahrhunderte gedauert, bis die protestantische Kirche begriff, was genau der theologische Terminus »Priestertum aller Getauften« meint, »nämlich, dass Frauen auch de facto Pfarrerin und Bischöfin werden können«. Durch die steigende Zahl von Frauen in diesen Ämtern habe sich die Vorstellung, die gemeinhin von einem Pfarrer vorherrscht, schon verändert, meint sie. Auch das Amt an sich wird anders ausgeübt, da Frauen große kommunikative Fähigkeiten hätten und in der Verkündigung gefühlsbetonter seien – ein autoritärer Führungsstil läge den meisten fern.

»Hier stehe ich,
ich kann nicht anders.«

MARGOT KÄSSMANN

2006 wurde bei Margot Käßmann Brustkrebs diagnostiziert und operiert, ein Jahr später ließ sie sich nach 26 Ehejahren scheiden. All das machte sie öffentlich und schaffte es, auch gegen heftige Widerstände, als geschiedene Frau weiterhin das Amt einer Bischöfin auszuüben. Der wertkonservativen, beliebten und streitbaren Protestantin ist die ökumenische Bewegung, die weltweite Einigung aller christlichen Kirchen, sehr teuer – doch nicht um jeden Preis. Den Weltkirchenrat verließ »Miss Ökumene«, wie sie gern ihres Engagements wegen genannt wird, »mit Trauer und Zorn«,

Käßmanns erste Predigt in der Marktkirche Hannover nach ihrem Rücktritt 2010.

oben: Zur Amtseinführung als Ratsvorsitzende der Evangelischen Kirche in Deutschland präsentiert sich Margot Käßmann mit ihren Töchtern Hannah, Esther, Sarah und Lea (v. l. n. r.), 2009.
unten: Kirchenbesucher fordern eine zweite Amtszeit für Käßmann, 2010.

als dieser aus Rücksicht auf die orthodoxen Kirchen lediglich gemeinsame Gebete sprechen, jedoch keine ökumenischen Gottesdienste mehr feiern wollte. Die Haltung der katholischen Kirche zur Empfängnisverhütung konnte sie ebenfalls nicht akzeptieren. Auf die Weigerung Papst Johannes Pauls II., Frauen Verhütungsmittel zu erlauben, entgegnete Käßmann, die Antibabypille sei ein »Geschenk Gottes«.

Bischöfin und EKD-Vorsitzende ist Margot Käßmann nun nicht mehr. Nach einer Autofahrt unter Alkoholeinfluss trat sie 2010 zur Überraschung vieler zurück. Wegen des Vergehens wurde sie von einigen getadelt, doch die meisten zollten ihr Achtung für den Rücktritt. Sie selbst hält es mit Martin Luther, dessen Botschafterin sie heute ist: »Hier stehe ich, ich kann nicht anders.« Ihre letzten Worte als EKD-Vorsitzende: »Mein Herz sagt mir ganz klar: Ich kann nicht mehr mit der notwendigen Autorität im Amt bleiben. … Ich weiß aus vorangegangenen Krisen: Du kannst nie tiefer fallen als in Gottes Hand, und für diese Glaubensüberzeugung bin ich auch heute dankbar.«

Der Rücktritt hat ihr nicht geschadet, im Gegenteil, sie ist beliebter denn je. Im Auftrag der EKD ist sie seit 2012 »Botschafterin für das Reformationsjubiläum 2017«.

And the Oscar goes to …

Kathryn Bigelow

Hollywood. Wir schreiben das Jahr 1926. In der Traumfabrik herrscht Goldgräberstimmung. Bis zum Start des Tonfilms dauert es zwar noch drei Jahre, aber das Kino ist schon ein gewaltiges Business, und das Publikum wächst rasant. Als Boss der Bosse trat Louis B. Mayer auf, seine Firma mit dem Löwen im Logo war die bedeutendste am Ort. Was Mayer gar nicht gefiel: Der Film galt immer noch als besseres Tingeltangel, als Nachfolger von Jahrmarktsattraktionen wie der Dame ohne Unterleib, als billige Unterhaltung für die kleinen Leute. Mayer wollte das Image seiner Kunst und seines Unternehmens aufpolieren – und dafür schien ihm eine Organisation geeignet, der ein Ruf vorausging, nicht nur seriös, sondern sogar ein klein wenig elitär zu sein: eine Akademie. Er besprach sich mit seinen Kollegen, die Idee wurde allgemein für gut befunden, und im Jahre 1927 kam es in Los Angeles zur Gründung der »Academy of Motion Picture Arts and Sciences«. Unter den 36 Gründungsmitgliedern befanden sich außer Mayer noch elf Produzenten, darunter Irving Thalberg und Harry und Jack Warner, sechs Regisseure, darunter Cecil B. DeMille und Raoul Walsh, ferner Schauspieler, Autoren und Techniker. Auf einem Foto mit den 18 wichtigsten Academy-Honoratioren erkennt man eine einzige Frau, die Schauspielerin Mary Pickford.

Kathryn Bigelow, die erste Frau, die einen Regie-Oscar bekam, nach der Oscar-Verleihung backstage, 2010.

Wenn man die Karriere der Academy von heute aus betrachtet, erscheint es kurios, dass in den Anfängen dieser Institution niemand vom »Oscar« sprach. An einen Preis für herausragende Leistungen im Bereich des Filmschaffens hatte zunächst kein Mensch gedacht. Man wollte Öffentlichkeitsarbeit leisten und die Anerkennung des Films als Kunst durchsetzen. Außerdem hatte die Akademie bei Tarifstreitigkeiten in der Filmindustrie schlichtend ein- und durchzugreifen, ihre sozialpolitische Ausrichtung war antigewerkschaftlich. Eine jährliche Gala sollte den Zweck erfüllen, die Akademie zusammen- und ihre Mitglieder bei Laune zu halten. Und da eine Gala einen konkreten Anlass braucht, erfand man kurzerhand und im Nachhinein einen Preis. Die Auslobung einer Auszeichnung ist doch noch immer die beste PR. Am 16. Mai 1929 wurde der Award im Blütensaal des Hollywood Roosevelt Hotel erstmals verliehen. Damals hieß er noch nicht Oscar, aber er sah schon so aus: Eine vergoldete Statuette von 34,4 Zentimetern Länge zeigt einen nackten Schwertträger im Stile des Art déco.

Bis zur Jahrtausendwende waren mehrere Hundertschaften von Regisseuren für einen Oscar nominiert worden – aber nur ganze vier Regisseurinnen!

Was den populären Rufnamen »Oscar« für den »Academy Award of Merit« betrifft, so weiß niemand genau, wie er entstand. Es gibt verschiedene Legenden. Eine handelt von der Bibliothekarin der Akademie, die beim Anblick des Schwertträgers ausgerufen haben soll: »Der sieht aus wie mein Onkel Oscar!« Wie auch immer es wirklich war, die globale Aufmerksamkeit gilt der Academy of Motion Picture nicht wegen ihrer Mitglieder oder ihrer Tarifpolitik, sondern einzig und allein wegen des Oscar. Er ist der weltweit wichtigste Filmpreis und die jährliche Verleihung ein Event erster Ordnung.

Zu Beginn der großen Zeit des Films bestand das Publikum der Lichtspielhäuser überwiegend aus Frauen; die Filmdiven hatten eine enorme Strahlkraft und gaben so der ganzen Branche einen weiblichen Anstrich.

Dennoch gab es in den Weiten der Studios keine weiblichen Führungskräfte. Hinter den Kulissen und hinter den Kameras waren alle wichtigen Funktionen männlich besetzt. Vor allem Regisseurinnen, die kreativen Köpfe der Filmproduktion, gab es nicht.

Das änderte sich allmählich nach der Mitte des vorigen Jahrhunderts, als Schauspielerinnen wie Barbra Streisand und später Jodie Foster die Regiestühle für sich beanspruchten und erfolgreiche Filme ablieferten. Die Akademie aber reagierte zunächst nicht darauf. Bis zur Jahrtausendwende waren mehrere Hundertschaften von Regisseuren für einen Oscar nominiert worden – aber nur ganze vier Regisseurinnen! Erhalten hatte den begehrten Regie-Oscar bis dahin keine einzige Frau.

Aber dann kam Kathryn Bigelow. Geboren 1951 in St. Carlos, Kalifornien, fühlte sich Kathryn zunächst zur Malerei hingezogen. Als Stipendiatin des Whitney Museum ging die zierliche Schönheit nach New York und arbeitete dort als Künstlerin im Umkreis der Avantgarde. Doch bald lockte sie der Film. An der Columbia-Universität studierte sie dieses Fach. Bigelow blieb, was ihre ästhetische Überzeugung betrifft, der Ost-

Kathryn Bigelow am Set von *Point Break,* 1991.

Ein Porträtfoto Kathryn Bigelows während der Dreharbeiten zu *Point Break*.

küste und ihren Künstlerfreunden aus New York treu. Ihre Filme sind nie konventionell, sie sind immer innovativ und eher »schwierig«. Mit dem Hollywood-Mainstream hatte sie gar nichts im Sinn – obwohl für kurze Zeit (1989–1991) mit dem Regie-As James Cameron verheiratet, dessen Blockbuster *Terminator* und *Titanic* jeder kennt. Bigelow ging ihren eigenen, steinigeren Weg. Was sie allerdings mit dem Mainstream gemeinsam hat, war und ist ihre unbedingte Konzentration auf eine bestimmte Art von Spannung, die das Kino bevorzugt inszeniert und die darzustellen Bigelow neue Bilder und Kontexte fand: den Kampf als geistig-körperliches Kräftemessen. In *Blue Steel* legt sich eine Polizistin mit einem Serienkiller an, in *Point Break* ein verdeckter Ermittler mit einer Bankräuberbande. In *Tödliches Kommando. The Hurt Locker* von 2008/2009 ist es ein Bombenentschärfer der U.S. Army (Jeremy Renner), der im Schutzanzug durch irakische Ruinen- und Minenfelder stapft und gegen einen tödlich entschlossenen unsichtbaren Gegner antritt. Der Vorspruch zu diesem Film lautet: »Der Rausch des Kampfes wird oft zu einer mächtigen und tödlichen Sucht. Denn der Krieg ist eine Droge.« Und die Pointe des Films: Kriegsheld William James hat seine Dienstzeit hinter sich. Aber er kehrt nach kurzem Aufenthalt bei Frau und Kind in den Irak zurück. Für das zivile Leben ist er verloren. Sein Platz ist an der Front, aller tödlichen Gefahr zum Trotz.

> *»Es gibt wirklich keinen Unterschied zwischen dem, was ich tue, und dem, was ein männlicher Filmemacher tut.«*
>
> KATHRYN BIGELOW

Die Akademie liebt Kriegsfilme. Wer einen Film mit dem Ziel dreht, einen Oscar zu gewinnen, sollte Science-Fiction, Komödien und Thriller meiden und sich auf Epen mit kriegerischem Hintergrund verlegen. Bigelow wird so nicht gedacht haben, aber als *Tödliches Kommando* 2008 nach Venedig zu den Filmfestspielen eingeladen wurde und dort einen Goldenen Löwen gewann, wird sie erkannt haben, dass sie damit einen Treffer gelandet hatte. Die Kritiker brachen in Begeisterungsstürme aus. Für den Oscar

2010 erhielt Bigelows Film ganze neun Nominierungen, genauso viele wie *Avatar* von ihrem Exmann Cameron. Das Science-Fiction-Epos gewann dann aber nur drei »Goldjungen«, und zwar für eher technische Kategorien wie die visuellen Effekte, *Tödliches Kommando* hingegen sechs, darunter die beiden Königsklassen, den Oscar für die Kategorie »Bester Film« – und den für die »Beste Regie«. Auf das Wettrennen mit dem Ex angesprochen, sagte Bigelow, dass beide die Sache sportlich nähmen und sich im Übrigen sehr gut verstünden, punktuelle Zusammenarbeit eingeschlossen. Aber es muss doch eine wunderbare Genugtuung für sie gewesen sein, mit ihrem einzigartigen, quasi-dokumentarischen Kriegsfilm alle Konkurrenten abgehängt zu haben. Barbra Streisand überreichte einer strahlenden Kathryn Bigelow die Trophäe mit den Worten: »Nun ist es endlich so weit.« Sie meinte damit: Erstmals und endlich geht der Regie-Oscar an eine Frau.

Bigelow ist oft gefragt worden, warum sie, eine Frau mit dem Aussehen einer Ballerina, ausgerechnet Action-Filme drehe. Einmal hat sie spitz repliziert: »Können Sie ein Gespräch mit einem weiblichen Regisseur

---

Auf dem Weg zur Verleihung im Kodak-Theater, Hollywood, 2010.

führen, das sich nicht ums Geschlecht dreht?« Sie glaubt nicht an einen geschlechtsspezifischen Ausdruck in den Künsten oder einen weiblichen Akzent beim Filmschaffen: »Es gibt wirklich keinen Unterschied zwischen dem, was ich tue, und dem, was ein männlicher Filmemacher tut.« Dabei weiß sie sehr genau, dass die Verteilung von Macht und Einfluss auch in der Traumfabrik höchst ungleich ist und dass es seine Zeit dauern wird, bis von wahrer Chancengleichheit zwischen den Geschlechtern die Rede sein kann. »Andererseits denke ich, dass der Weg der Frauen, egal in welcher Branche, ob Politik, Wirtschaft oder Film, ein langer ist.« Der Weg wird nicht kürzer, wenn es immer mehr Frauen gibt, die ihn schon durchschritten haben. Aber er kann schneller durchmessen werden. Denn der Gegenwind des Vorurteils legt sich nach und nach.

»Es gibt wirklich keinen Unterschied zwischen dem, was ich tue und dem, was ein männlicher Filmemacher tut.«

»*Alles in der Welt*«

Jill Abramson

Die ›Gray Lady‹, wie der Inbegriff des seriösen Journalismus, *The New York Times*, gern genannt wird – Motto: ›All the News That's Fit to Print‹ – erschien erstmals 1851. Sie wurde also jüngst 160 Jahre alt. Und noch immer hält sie die Stellung. Wer bei ihr am New Yorker Times Square im Newsroom sitzt, hat es in der Welt der Printmedien bis ganz nach oben geschafft. Krisen blieben nicht aus. So sorgte in jüngerer Zeit die Skepsis der Redaktion der grauen Dame in Sachen Irak-Krieg für Unruhe unter den konservativen Aktionären. Und 2003 geriet die *New York Times* selbst in die Schlagzeilen, weil ein Reporter namens Jayson Blair Stories verfälscht oder schlicht erfunden hatte. Die härteste Krise aber durchläuft das liberale Flaggschiff des Printjournalismus in der Konkurrenz mit dem Internet, in das sich das Nachrichtenwesen zunehmend verlagert. Werbeeinnahmen brachen stetig und in hohen Prozentsätzen weg. 2008 wurden von 1330 Mitarbeitern achtzig entlassen, ein Jahr später ging eine ganze Hundertschaft. Noch ist die Zeitung aus Papier, doch niemand weiß, wie lange das so bleibt. Heißt doch das neue Motto: ›All the News That's Fit to Click‹. Das Blatt hat die digitale Herausforderung angenommen, seine Online-Ausgabe ist die meistbeachtete weltweit.

Aber wer betrieb dieses alles in allem erfolgreiche Krisenmanagement? Der Name dieser Person ist Jill Abramson, eine langjährige Mitarbeiterin der großen Zeitung. Sie war es, die im Jahre 2011 als erste Frau die Position der Chefredakteurin erklomm. »Es bedeutet mir alles in der Welt«, war ihr Kommentar zu diesem ungewöhnlich hohen Karriere-

Abramson im Jahr des Triumphes als Chefredakteurin der *New York Times*, 2011.

sprung. Die Forbes-Liste der einflussreichsten Frauen dieser Welt wies ihr damals Rang fünf zu.

Der Journalismus war seit jeher ein Berufsfeld, das Frauen anzog. Schon bei den allerersten Verlagen im 17. Jahrhundert fanden sich Frauen als Ideengeberinnen, Übersetzerinnen und Verfasserinnen von Beiträgen. Schließlich verlangte dieser Beruf keine besonderen Körperkräfte, sondern erforderte Neugier, Spürsinn, Rede- und Schreibgewandtheit, Fähigkeiten, die den Frauen auch in Zeiten des unangefochtenen Patriarchats zugeschrieben wurden. So findet man denn auch hundert Jahre nach der Gründung der *New York Times* Frauen im Umkreis der Redaktionen, vorzugsweise als Sekretärinnen oder Empfangsdamen, aber auch als Verfasserinnen von Artikeln, vor allem seit das ›Home‹ in den Fokus journalistischer Aufmerksamkeit gerückt war. Die thematische Diversifizierung lockte Frauen als Leserinnen und ließ sie auch als Autorinnen zu. In der vertikalen Staffelung aber, vom mittleren Management bis in die Führungsspitze, waren sie nicht vertreten. Im Jahre 1962 sagte der damalige Chef der *New York Times* zu einer ehrgeizigen Reporterin: »Ich kann Ihnen versichern, dass niemals eine Frau an die Spitze der *NYT* gelangen wird.« Damals waren von 425 Mitarbeitern im Bereich Reportage ganze vierzig, also weniger als zehn Prozent, weiblich.

Es ist ein bisschen rätselhaft, warum in diesem Frauen erwiesenermaßen entgegenkommenden Beruf gleichwohl seitens der Männer eine entschiedene Abwehr gegen weibliche Führungskräfte vorherrschte. Das kann nur erklärt werden, wenn man die Rollenverteilung der Geschlechter im sensiblen Bereich der Hierarchie bedenkt. Sich von einer Frau was sagen zu lassen, das kam Männern – wir befinden uns in den frühen 1960er-Jahren – keinesfalls in den Sinn. Es war ja nicht nur so, dass man einer Frau den Überblick und die Standfestigkeit, die eine Führungsposition verlangte, nicht zutraute. Weit ärger war die dem göttlichen Schöpfungsplan und der Natur – so glaubte man damals – entgegenwirkende Situation eines Mannes, der den Weisungen einer Frau nachzukommen hatte. Dieser arme Lump verlor mit seiner Männlichkeit seine Ehre – eine solche Überzeugung war weit verbreitet, auch bei Frauen, die sich ›überlegene‹ Ehemänner und Vorgesetzte wünschten. Kurz: die Geschlechterordnung jener

*»Eine gute Story ist eine gute Story.
Da gibt es keinen geschlechtlichen Index.«*

JILL ABRAMSON

Zeit verlangte die Frau als dem Manne untertan. Arbeiten sollte sie durchaus, aber in abhängiger, dienender Position. Herausgehobene Funktionen im Management, egal in welcher Branche und eben auch im Zeitungswesen, waren für sie tabu.

Die 1960er-Jahre waren das Jahrzehnt des Umbruchs. Mit der Bürgerrechtsbewegung der Schwarzen in den USA, mit der weltweiten Studentenbewegung und mit den ersten Ansätzen der Frauenbewegung – der *women's lib* in den USA – brach sich die Idee der Gleichheit neue freie Bahn. Die männlichen Werte der Härte und kriegerischen Entschlossenheit erlitten im Zuge des desaströsen Vietnamkrieges tiefe Risse. Frauen gerieten nicht mehr nur als Schauspielerinnen und Schönheitsköniginnen, sondern auch als Rebellinnen, wie Angela Davis, oder Denkerinnen, wie Susan Sontag, ins Licht der Öffentlichkeit. Ein großer Wandel vollzog sich. Es war nun nicht mehr auszuschließen, dass Frauen unabhängig und zu vielerlei mehr imstande sein könnten als Kinder zu gebären und

Abramson mit Kollegen im Jahr 2004.

ein Familienleben zu gestalten. Die ›Karrierefrau‹ erblickte das Licht der Welt, zunächst angefeindet von der reaktionären Mehrheit, aber durchaus bejubelt von der wachsenden feministischen Minderheit unter der weiblichen Bevölkerung. Was die Männer betrifft, so konnten sie in der weit überwiegenden Anzahl kaum glauben, dass es den Frauen ernst damit sei, aus der – wie sie fanden – komfortablen Abhängigkeit vom ›Ernährer‹ Mann herauszustreben. Eine Minderheit jedoch, die es auch schon in den Jahrzehnten zuvor gegeben hatte, verstand die Frauen und ihren Freiheitsdrang.

Im Nachrichtenwesen, sei es Zeitung, Radio oder TV, kam es während der 1970er-Jahre zum Einzug des qualifizierten und ehrgeizigen weiblichen Personals. Jetzt endlich konnten Frauen in wachsender Zahl aus ihrer Neugier, ihrem Spürsinn und ihrer schriftstellerischen Begabung beruflich etwas machen. Aber jener *NYT*-Macho aus den 1960er-Jahren, der versichert hatte, eine Frau werde nie an die Spitze der Zeitung gelangen, musste sich noch keine Sorgen machen. Der Vormarsch der Frauen in vertikaler Richtung dauerte seine Zeit.

In Krisenzeiten, so heißt es, steigen die Chancen der Frauen. Denn Männer bevorzugen einen sicheren Posten, während Frauen froh sind, wenn sie überhaupt einen haben. 2011 war es dann an Jill Abramson, die Prognose des zitierten *NYT*-Patriarchen zu widerlegen.

Jill Ellen wurde 1954 geboren. Zu Hause gab es die *New York Times* gleich doppelt, weil die ganze Familie derart versessen aufs Zeitungslesen war, dass es mit einem einzigen Exemplar zu Reibereien gekommen wäre. Jill studierte Geschichte und Literatur in Harvard, arbeitete für das *Time Magazine* und das *Wallstreet Journal* und kam 1997 zur *New York Times*. Sie hatte bei *Time* bereits einen weiblichen Chef, das hat ihr Mut gemacht, höher und weiter zu denken. Warum gerade sie es, nach 160 Jahren, als erste Frau bei der *NYT* geschafft habe? »Weil ich die Beste für den Job bin.« Sie besitzt Überblick und Standfestigkeit, ergänzt um Selbstbewusstsein und Durchsetzungsfähigkeit. Und sie denkt, wenn sie über Führungsqualitäten reflektiert, nicht mehr in Kategorien von Geschlecht. So wird die Zeitung etwa keineswegs »weiblicher«, wenn eine Frau am Drücker sitzt. Solche Vorstellungen lösen sich in der dünnen Luft der Macht von selber auf.

Das bedeutet aber nicht, dass die Chefredakteurin vergessen hätte, wie schwer es Frauen immer noch haben, eine Spitzenkarriere hinzulegen, obwohl sie über die Potenziale dafür verfügen. Entsprechend stolz war die Chefin, es »als Frau« geschafft zu haben. Dieser Stolz bezog sich auf die Widerstände, die sie überwunden hatte, und nicht auf irgendeine ominöse Verweiblichung der Zeitung. »Eine gute Story ist eine gute Story«, sagt sie. »Da gibt es keinen geschlechtlichen Index.«

Abramson ist eine verheiratete Mutter zweier Kinder und Besitzerin eines Hundes, über den sie ein Buch geschrieben hat. Eigenartig ist ihr singend-monotoner Sprechstil; eine Freundin meint, ihr liege daran, ein bisschen wie Bob Dylan zu klingen. Sie war immer eine harte Verhandlerin; sie kann sehr schroff, ja schneidend verächtlich sein, wenn ihr etwas gegen den Strich geht. Vielleicht ist das der Grund dafür, dass sie ihren Posten schon knapp drei Jahre nach Antritt wieder verlor. Es heißt, sie und der Herausgeber Arthur Sulzberger hätten sich nicht verstanden. Abramsons Redaktionsleiter Dean Baquet übernahm ihren Posten. Die erste Frau in der *NYT*-Chefredaktion, die sie immer bleiben wird, wechselte nach Harvard, wo sie kreatives Scheiben unterrichtet.

Der Fuß des *New York Times* Tower, des Hauptsitzes der *New York Times* Company in der Eighth Avenue in New York, 2009.

»Madame Chairman«

Christine Lagarde

Ein Mann in hoher Stellung manövriert sich durch sexuelle Eskapaden ins Abseits: Dominique Strauss-Kahn. Der einflussreiche politische Posten des Direktors des Internationalen Währungsfonds, einer Schwesterorganisation der Weltbank mit 187 Mitgliedstaaten, ist vakant. Gefragt wird zunächst ein anderer Mann, doch der Chef der Deutschen Bundesbank, Axel Weber, lehnt überraschend ab. Nun erst kommt eine Frau ins Spiel, Christine Lagarde. Sie ist der einzige weibliche Kandidat, und bald wird klar, dass nach über sechzig Jahren erstmals eine Frau an der Spitze des Weltwährungsfonds stehen wird. Diese Karriere ist ein weiteres Beispiel dafür, dass oft erst dann eine Frau in ein hohes Amt gelangt, wenn Männer zuvor daran gescheitert sind oder einfach nicht wollen. Gefragt, was sie denn befähige, erwiderte Lagarde: »Ich bringe meine Erfahrung als Anwältin, als Ministerin, als Managerin und als Frau ein. Ob wir es mögen oder nicht: Jetzt geht es vor allem darum, dass wir Stabilität auf unserem Planeten aufrechterhalten.« Nichts weniger als das. Über Frauen in Führungspositionen denkt sie so: »Frauen arbeiten mit weniger Libido und Testosteron. Wir lassen bei Verhandlungen nicht unbedingt unser Ego

---

Christine Lagarde, erste Frau als französische Wirtschafts- und Finanzministerin und später Direktorin des Internationalen Währungsfonds (IWF).

raushängen, um so unseren Standpunkt durchzusetzen und unsere Partner zu erniedrigen.« Männliche Zügellosigkeit habe wesentlich zur Finanzkrise beigetragen, mit einer von Frauen geführten Bank namens »Lehman Sisters« wäre es wohl nie so weit gekommen.

Christine Lagarde ist es gewohnt, als erste Frau wichtige Posten einzunehmen. Sie ist die erste Vorstandsvorsitzende der weltweit zweitgrößten Wirtschaftskanzlei, Baker & McKenzie, und sie war die erste Frau, die in Frankreich das Amt eines Ministers für Wirtschaft und Finanzen übernahm. Madame Lagarde ist zäh. Sie war die einzige Frau unter Premierminister Sarkozy, die nach vier Jahren noch immer dem Kabinett angehörte – fast alle anderen Ministerinnen gaben nur kurze Gastspiele.

Sie bezeichnet sich selbst als »Madame Chairman«: »Ich möchte kein weibliches Äquivalent für Vorstandsvorsitzender finden. Auf dem weiblichen Genus von Wörtern zu bestehen, ist lächerlich.« Ihr Credo: »Ich habe lange geglaubt, dass Arbeit und Kompetenz genügen, damit sich Frauen in der Gesellschaft und in Unternehmen durchsetzen. Das denke ich heute nicht mehr. Allerdings ist Erfolg niemals endgültig, es ist ein ständiger Kampf. Jeden Morgen muss man seine Fähigkeiten aufs Neue beweisen.« Und: »Wenn sich alle ständig einig sind, kommt man nicht vorwärts. In einem Team braucht man deshalb immer einen *troublemaker,* jemanden, der eine andere Sichtweise eröffnet, manchmal auch Ärger

Beim Chefposten des Weltwährungsfonds geht es um Geld und Einfluss und darum, Dinge zu gestalten – es geht um Macht.

macht, aber die Einförmigkeit verhindert. Mich hindert bis heute nichts daran, meine Meinung zu sagen, aber ich achte auf die Wortwahl.« Das Thema Frauen liegt ihr am Herzen, schon aufgrund ihrer eigenen Erfahrungen. Den Anteil der Frauen in Spitzenpositionen des IWF will Lagarde um zehn Prozent auf ein Drittel erhöhen. »Als ich jünger war, war ich der Ansicht, vielleicht wie heute Angela Merkel, dass Frauen so etwas nicht nötig haben. Ich habe meine Meinung im Laufe der Zeit geändert.«

Beim Chefposten des Weltwährungsfonds geht es um Geld und Einfluss und darum, Dinge zu gestalten – es geht um Macht. Und es geht um Prestige, denn Geld verdienen kann man woanders besser. Ein IWF-Chef wird im Jahr mit einer halben Million Dollar entschädigt. Im Bankengeschäft oder in der Unternehmensberatung fängt es in dieser Liga gerade erst an. Auch Christine Lagarde hat als Expertin für Arbeits- und Wettbewerbsrecht in ihrem Berufsleben mehr als das Doppelte verdient – was die Vergütung betrifft, hat sie daher die nötige Unabhängigkeit.

Es ist billig, sich beim Äußeren einer Frau aufzuhalten. Was hat man nicht über Frisur und Kleidung von Kanzlerin Merkel gelästert! Und doch: Das Äußere sagt etwas aus. Es gibt da eine Differenzierung, die uns einiges über die Person mitteilt, es ist keine Verkürzung auf das Äußere, es ist eine zusätzliche Information. Um es mit einem Wort zu beschreiben: Der Auftritt von Madame Lagarde ist souverän. So souverän, dass die 1,80 Meter große Botschafterin einer Haute Couture zugibt, ihre Kleider von Hermès

---

Lagarde begrüßt Schülerinnen in Niger
bei ihrem ersten Afrikabesuch als IWF-Direktorin, 2011.

Lagarde als Ministerin für Wirtschaft, Industrie und Arbeit
auf dem Weg in den Élysée-Palast, 2009.

oder Chanel gern über eine Saison hinaus zu tragen. »Ich habe das Glück, dass ich seit langer Zeit die gleiche Figur habe. Manche Sachen trage ich zwanzig Jahre lang. Wenn Sie ständig unterwegs sind, einen Zug nehmen, aus einem Flugzeug steigen, Stufen hochjagen, weil Sie mal wieder zu spät dran sind, da vergeht Ihnen die Lust auf Stilettos oder auf Kleider, die Sie bügeln müssen.« Lagarde hat eine Vorliebe für edle Steine, zum Leidwesen ihrer Berater, die sie gern etwas bescheidener sähen. »Es berührt mich wirklich, dass so viel Schönheit so lange im Fels verschlossen bleiben kann und dass das Ganze dann durch Menschenhand – Zuschneiden und Einfassen – so viel Eindruck macht.«

Christine Madeleine Odette Lagarde, geborene Lallouette, ist eine aparte große Dame mit silbernem Haar und braunem Teint, die gern lächelt. Sie isst kein Fleisch, trinkt keinen Alkohol, entspannt sich bei der Arbeit im Garten, schwimmt, taucht und übt sich in Yoga. Es gibt viele Bilder, auf denen sie mit dem Finger auf jemanden zeigt, diese strenge Geste ist ungewöhnlich für eine Frau. Dabei wirkt sie jedoch überhaupt nicht aggressiv, sondern allein mittels Charme, Eleganz und Disziplin. Christine wächst als Erstgeborene mit drei Brüdern in Le Havre in der Normandie auf. Der Vater ist Hochschulprofessor für englische Literatur, die Mutter Lehrerin für alte Sprachen. Das Elternhaus ist katholisch bürgerlich und gehört zur Mittelschicht. Mit 15 Jahren gewinnt Christine bei den französischen Meisterschaften im Kunstschwimmen die Bronzemedaille. »Es war das Synchronschwimmen, das mich lehrte: Beiß die Zähne zusammen und lächle. Es ist ein Ausdauersport, man braucht Körperspannung und Selbstkontrolle.« Das hat ihr geholfen, mit Niederlagen umzugehen oder bei der Abstimmung mit anderen mal länger die Luft anzuhalten. Als junge Frau steht Christine politisch links, Präsident Mitterrand ist ein Vorbild.

Vater Robert hat ein Faible für die Vereinigten Staaten, oft sind Intellektuelle aus den USA zu Besuch. Oder auch mal der spätere EU-Kommissionspräsident Jacques Delors, ein Sozialdemokrat. Christine ist 16, als der Vater stirbt, die Familie durchlebt wirtschaftlich schwere Zeiten. Sie verdient nebenher als Boutique-Verkäuferin und auf dem Fischmarkt. Mit einem Stipendium in den Staaten arbeitet sie dem Kongressabgeordneten

William S. Cohen zu. Im Umfeld des späteren Verteidigungsministers erlebt sie 1974 den Watergate-Skandal hautnah, ihr politisches Verständnis schärft sich. Zurück in der Heimat ist sie auf der Universität nicht sonderlich brillant, aber fleißig. Christine studiert Amerikanistik und Ökonomie, 1977 erwirbt sie ihr Juradiplom, Schwerpunkt Sozialrecht. Zweimal scheitert sie am Aufnahmetest zur Verwaltungshochschule ENA, einer der *Grandes Écoles* zur Ausbildung des »Staatsadels«; aus ihm rekrutieren sich traditionell die Lenker der größten Unternehmen Frankreichs. Rückblickend stellt sie fest: »Wenn man etwas versucht und scheitert, ist das natürlich enttäuschend. Ich glaube aber, dass das eine große Chance für mich war. Ich hätte sonst vermutlich nie in Betracht gezogen, eine international tätige Anwältin zu werden, ich wäre sicher nicht ins Ausland gegangen, und ich hätte sicher nicht diesen breiten Horizont, den der Anwaltsberuf einem öffnet.«

»Es war das Synchronschwimmen,
das mich lehrte:
Beiß die Zähne zusammen und lächle.«

CHRISTINE LAGARDE

Lagarde geht also zurück in die USA und tritt 1981 in die Wirtschaftskanzlei Baker & McKenzie ein. Hier beginnt eine steile Karriere, 1999 steigt sie zum ersten weiblichen Präsidenten auf und begründet ihr Renommee als Verhandlungsexpertin. Sie führt die Anwaltssozietät mit mehr als 3000 Juristen so erfolgreich, dass sie den Jahresumsatz binnen weniger Jahre auf über eine Milliarde Dollar verdoppelt. Während dieser Zeit bleiben ihre beiden Söhne, die in den 1980er-Jahren geboren wurden, beim Vater in Frankreich. Sooft sie abkömmlich ist, fliegt sie zu ihren Kindern nach Paris – die Bindung zu ihnen ist bis heute gut. »Ich habe bis zur letzten Minute meiner Schwangerschaften gearbeitet, und meine Kinder waren klug genug, im Mai und im Juni geboren zu werden. So konnte ich mir im Sommer die Zeit freinehmen, um sie zu stillen.«

Ihre Aufgabe in der Welt sieht sie so: »Wenn wir die falschen Entscheidungen treffen, riskieren wir ein Jahrzehnt ohne Wachstum, eine verlorene Generation von Jugendlichen und verpassen die Chance, die Weltwirtschaft auf solide Beine zu stellen. Wir dürfen nicht scheitern.« Wenn es nach ihr geht, wird der IWF eines Tages die Rolle einer Weltwirtschaftsregierung übernehmen. Vielleicht dann wieder mit einer Frau an der Spitze.

Mit Frauen rechnen

Virginia Rometty

Auf der Welt gebe es einen Bedarf von höchstens fünf Computern, spekulierte IBM-Patriarch Thomas J. Watson senior zu Beginn der 1950er-Jahre. Damals waren Elektronenrechner so groß wie Schulzimmer. Watson sollte sich gewaltig irren. Auch den Stellenwert der Software für die Maschinen schätzte er falsch ein – er war ein ausgesprochener Hardware-Mann.

Bei der Datenverarbeitung geht es ums Messen und Zählen, um die Auswertung großer Zahlenmengen. Die Zahlenwerke bilden das Gerüst vieler Unternehmen, sie dienen der Wissenschaft, der Verwaltung und der Politik. Die Informationstechnologie ist eine durch und durch männlich geprägte Branche. Herman Hollerith hat im 19. Jahrhundert die Lochkarte eingeführt, gern wird er Vater der modernen Datenverarbeitung und sogar Großvater von IBM genannt. Die Führungsriege des Rechnerriesens International Business Machines wiederum bestand in der über hundert Jahre währenden Unternehmensgeschichte ausschließlich aus Männern. Thomas J. Watson leitete das Unternehmen über vierzig Jahre, und so kurzsichtig er in Bezug auf die Computerisierung der Welt war, so weitsichtig war er als Personalchef. Hier irrte er sich nicht. Zu seiner Unternehmensphilosophie gehörte die Förderung von benachteiligten Bevölkerungsgruppen, also auch von Frauen.

Virginia Marie Rometty übernimmt nach hundert Jahren als erste Frau die Führung bei IBM.

Die Erbfolge trat Sohn Thomas J. Watson junior an. IBMer waren lange Zeit bekannt dafür, dass sie stets weiße Hemden und blaue Krawatten trugen. Heute tritt die Leitung von über 400 000 Mitarbeitern im klassischen Kostüm auf: Virginia Marie Rometty, 54 Jahre alt, übernahm 2012 als erste weibliche Vorstandsvorsitzende die Führung des Konzerns.

Denn das ist wie gesagt die andere Seite der patriarchalen Unternehmensphilosophie bei IBM; es wurden immer auch jene gefördert, die woanders wenig Chancen hatten – schon ab den 1930er-Jahren hatten Frauen hier bessere Aufstiegsmöglichkeiten. Allerdings dauerte es seine Zeit, bis eine von ihnen ganz oben ankam. Thomas Watson junior bestätigte 1953, dass IBM seine Mitarbeiter nicht nur unabhängig vom Geschlecht, sondern auch »von ihrer Rasse, Hautfarbe oder ihrem Bekenntnis« auswählt. Dreißig Jahre später wurde der Antidiskriminierungskanon um den Aspekt der sexuellen Orientierung erweitert. »Es gibt keine größere Ehre im Geschäftsleben, als gefragt zu werden, ob man IBM führen möchte«, war einer von Romettys ersten Kommentaren nach ihrer Beförderung. Sie hat nicht mit sich gerungen, bevor sie Ja sagte, wie es andere weibliche Führungskräfte zunächst oft tun. Diese Stufe hatte sie bereits hinter sich: »Zu Beginn meiner Karriere wurde mir bald ein hoher Posten angeboten. Ich sagte gleich, ich wäre noch nicht bereit, ich bräuchte mehr Zeit und mehr Erfahrung, dann aber könnte ich den Job richtig gut machen. Mein Ehepartner stellte mir dann die Frage, ob ich glaubte, ein Mann hätte dieses Angebot auf eine solche Weise beantwortet.« Natürlich hätte ein Mann das nicht getan und sofort zugesagt, auch wenn er Zweifel an seiner Eignung und Muffensausen gehabt hätte.

Ginni Rometty, wie sie von vielen genannt wird, gehört nun zum exklusiven Club von Frauen, die US-börsennotierte Konzerne leiten – neben Irene Kleinfeld (Kraft), Ellen Kullman (Dupont), Indra Nooyi (PepsiCo) und Meg Whitman (Hewlett-Packard). Rometty hatte 1981 als Systemtechnikerin angefangen und sich bald zur Direktorin des weltweiten Vertriebs aufgeschwungen. Ihr Chef und Mentor Sam Palmisano: »Ginni hat eine ganze Reihe von IBMs wichtigsten Geschäftszweigen geleitet«, sie sei die »ideale Konzernchefin«. Offenbar hat sich im Selbstverständnis vieler männlicher Führungskräfte etwas verändert. Denn immer mehr Chefs in den USA küren mittlerweile eine Frau zur Kronprinzessin, als eigene Nachfolgerin zur Sicherung der Kontinuität. Das kann man als Musterwechsel bezeichnen. Denn es ist wohl so, dass sich inzwischen immer häufiger Frauen in das traditionell männlich orientierte Karrierenetzwerk eingeflochten haben. Und sie werden offensichtlich als gleichwertige potenzielle Partner gesehen. Vielleicht wird das Geschlecht in der Arbeitswelt bereits weniger sichtbar und der Mensch und seine Persönlichkeit treten in den Vordergrund.

Mit einem Umsatz von achtzig Milliarden Euro und einem Marktwert von über 200 Milliarden Euro gehört IBM zu den wertvollsten Firmen der Welt. Rometty tritt die Nachfolge eines äußerst erfolgreichen Managers und ebenso erfolgreichen Unternehmens an. Das ist noch auf eine andere Art nicht selbstverständlich. Es lässt sich öfter beobachten, dass ausgerechnet erst dann Frauen nach ganz oben gelangen, wenn es dem Unternehmen schlechtgeht und vielleicht ein Sündenbock oder lediglich ein Interimsmanager gesucht wird. Carol Bartz und Marissa Mayer (beide Yahoo) oder Meg Whitman sind nur einige Beispiele.

Immer mehr Chefs in den USA küren mittlerweile eine Frau zur Kronprinzessin, als eigene Nachfolgerin zur Sicherung der Kontinuität.

Neben ihrem Mentor Palmisano war es Romettys Mutter, die stets an Virginia geglaubt hat. Ginni ist die Erstgeborene, mit drei Geschwistern wuchs sie in Chicago auf. Eine Stütze ist auch ihr Mann, mit dem sie seit über dreißig Jahren verheiratet ist. Er gehört zu der noch seltenen Spezies, die ihrer Frau bei der Karriere den Rücken stärkt. Beide haben sich im General Motors Institute, der heutigen Kettering University, kennengelernt, einer Art Denkfabrik für Innovationen in Führung und Technik.

Studien bestätigen, dass es Aspiranten von Spitzenpositionen hilft, wenn sie einen Partner, Ehemann oder sonst jemanden an ihrer Seite haben, der zu ihnen hält. Auf die Frage, was Männer für ihre Frauen tun können, damit diese Karriere machen, antwortete die Soziologin Rosabeth Moss Kanter von der Harvard Business School: »Die Wäsche.« Und weiter: »Es heißt, Männer brauchen zwei Frauen an ihrer Seite, eine zu Hause und eine im Büro. Frauen brauchen das auch – einen Assistenten bei der Arbeit und einen Mann, der sie unterstützt und flexibel ist.«

Richard Zweigenhaft, Psychologieprofessor und Autor einer aktuellen Studie über die »Neuen Vorstandsvorsitzenden« – gemeint sind Frauen und andere, denen in den USA Aufstiegshindernisse entgegenstehen –, konstatiert, dass die Mehrheit aller Konzernleiter beider Geschlechter langjährig verheiratet ist. Männer wie Frauen sind zugunsten des Aufstiegs darauf angewiesen, dass der Partner bei der Kindererziehung und im Haushalt hilft und bereit ist, gegebenenfalls umzuziehen, auch wenn beide Karriere machen. Ferner spielt der mentale Beistand eine beachtliche Rolle. Selbst erfolgreiche Männer ringen sich bisweilen dazu durch, um des beruflichen Fortkommens ihrer Frauen willen zurückzustecken. Meg Whitman, Vorstandschefin des weltgrößten IT-Unternehmens Hewlett-Packard, ist mit einem renommierten Neurologen verheiratet, das Paar hat zwei Söhne. Als sie die Leitung des Internetauktionshauses eBay übernahm, gab ihr Mann, beschäftigt an der Harvard Medical School, seine lukrative Stellung auf und folgte seiner Frau nach Kalifornien. Nicht wenige Männer erfolgreicher Frauen gehen sogar frühzeitig in den Ruhestand, um ganz für ihre Partnerin da zu sein.

»Es heißt, Männer brauchen zwei Frauen an ihrer Seite, eine zu Hause und eine im Büro.«

ROSABETH MOSS KANTER

Beim Golfspiel wie bei vielen anderen exklusiven Sportarten wurden weite Bevölkerungsgruppen in den USA ebenso lange diskriminiert. Jahrzehntelang verweigerten viele US-Golfclubs Frauen und Afroamerikanern den Zutritt. Der Aufstieg Virginia Romettys zur ersten Frau an der Spitze von IBM brachte den renommierten Augusta National Golf Club in Bedrängnis. Dieser steht traditionell ausschließlich männlichen Mitgliedern offen. IBM ist einer der Hauptsponsoren des Master-Turniers. Bislang wurde allen IBM-Chefs die Mitgliedschaft angetragen, und dies war auch nie ein Problem. Die Causa Rometty jedoch erregte große Aufmerksamkeit,

gespannt wartete die Öffentlichkeit darauf, wie das Club-Management reagieren würde. Präsident Barack Obama kommentierte: »Es ist sehr rückwärtsgewandt, Frauen von irgendetwas auszuschließen.«

Heute ist IBM einer der größten Software-Hersteller und eines der größten IT-Beratungsunternehmen weltweit. »Big Blue«, wie das Unternehmen auch wegen seiner in blau gehaltenen Großrechner genannt wird, wandelt sich gerade fundamental und krempelt seine Organisationsform komplett um in Richtung Dienstleistung. Zukünftig werden nur mehr wenige Stammkräfte beschäftigt, ein Großteil der Arbeit wird projekteweise von weltweit zusammengesuchten Experten erledigt werden. Dieser Umbau des Konzerns ist eine riesige Aufgabe, riskant und nicht gerade populär. In Deutschland übernimmt dies ebenfalls eine Frau, Vorstandschefin Martina Koederitz. Rometty: »Palmisano hat uns vor allem beigebracht, niemals damit aufzuhören, IBM neu zu erfinden.«

IBM-Manager gehen gewöhnlich mit sechzig Jahren in den Ruhestand, Ginni Rometty hat also fünf bis sechs Jahre Zeit, Spuren im Unternehmen zu hinterlassen – und auch in der Gesellschaft, etwa was den Zutritt von Frauen zu exklusiven Clubs betrifft.

Sam Palmisano und die designierte Nachfolgerin Virginia Rometty in New York, 2011.

Bildnachweis

action press, Hamburg: Umschlagfoto (Kathryn Bigelow)
akg-images, Berlin: Seite 6, 28, 32, 34, 44, 50, 119
Corbis, Düsseldorf: Umschlagfoto (Amelia Earhart), 87, 88, 138, Umschlagrückseite links
ddp images, Hamburg: Umschlagfoto (Christine Lagarde)
Interfoto, München: 18
laif, Köln: 127
picture-alliance, Frankfurt am Main: 36, 40, 42, 48, 63, 64, 68, 71, 72 rechts, 74, 77, 80, 82, 90, 96, 99, 102, 105, 113, 114, 116, 120, 122, 124, 130, 133, 134, 143, Umschlagrückseite Mitte und rechts
Süddeutsche Zeitung Photo, München: 17, 26, 55
ullstein bild, Berlin: 14, 58, 61, 72 links, 78, 81, 85, 94, 108, 129

Weitere Nachweise über das Bildarchiv des Insel Verlags.